¿Dónde estaba Dios cuando sucedió eso?

I0807929

Libros de la serie
"Preguntas que hacen los cristianos":

¿Dónde estaba Dios cuando sucedió eso? Y otras preguntas sobre la bondad de Dios, su poder y su forma de obrar en el mundo.

¿El diablo me obligó a hacerlo? Y otras preguntas sobre Satanás, demonios y espíritus malignos

¿Está Dios en contra de los gays? Y otras preguntas sobre homosexualidad, la Biblia y atracción hacia personas del mismo sexo

¿Realmente existe el infierno? Y otras preguntas sobre el juicio, la eternidad y el Dios de amor

¿Dónde estaba Dios cuando sucedió eso?

Y otras preguntas sobre la bondad de Dios, su poder y su forma de obrar en el mundo

Cristopher Ash

EDITORIAL
PORTAVOZ

La misión de *Editorial Portavoz* consiste en proporcionar productos de calidad —con integridad y excelencia—, desde una perspectiva bíblica y confiable, que animen a las personas a conocer y servir a Jesucristo.

Publicado originalmente en inglés por The Good Book Company con el título *Where was God when that happened? And other questions about God's goodness, power and the way he works in the world*, © Christopher Ash/The Good Book Company, 2017. Traducido con permiso.

Edición en castellano: *¿Dónde estaba Dios cuando sucedió eso? Y otras preguntas sobre la bondad de Dios, su poder y su forma de obrar en el mundo,* © 2018 por Editorial Portavoz, filial de Kregel Inc., Grand Rapids, Michigan 49505. Todos los derechos reservados.

Traducción: Rosa Pugliese

Las cursivas en los versículos bíblicos son énfasis del autor.

EDITORIAL PORTAVOZ
2450 Oak Industrial Drive NE
Grand Rapids, Michigan 49505 USA
Visítenos en: www.portavoz.com

ISBN 978-0-8254-5822-4 (rústica)
ISBN 978-0-8254-6741-7 (Kindle)
ISBN 978-0-8254-7562-7 (epub)

1 2 3 4 5 edición / año 27 26 25 24 23 22 21 20 19 18

Impreso en los Estados Unidos de América
Printed in the United States of America

Contenido

Venga tu reino.
Hágase tu voluntad,
como en el cielo,
así también en la tierra.

Introducción

¿Tiene Dios realmente el control?

Daniel mira sus papeles de divorcio. ¿Cómo se llegó a esto? Todas esas esperanzas y sueños... y ahora, solo una notita adhesiva del abogado que dice: «Firme aquí». Y se acabó. *¿Dónde estaba Dios cuando sucedió eso?* Pensé que Él tenía el control; ya no.

Lakshmi piensa en su país, una vez hermoso, ahora devastado por la guerra civil. En cada ciudad, la escena de atrocidades es indescriptible. *¿Dónde estaba Dios cuando sucedió eso?* Pensé que Él tenía el control; ya no.

Pedro se pregunta por su iglesia destruida. El pastor tuvo una aventura amorosa y se fue. Un grupo descontento dejó la iglesia. Los que quedan están desanimados y cansados. *¿Dónde estaba Dios cuando sucedió eso?* Pensé que Él tenía el control; ya no.

Kevin y Julia lloran en el aniversario de la muerte de su preciosa hija a causa de un cáncer infantil. Sus dulces y bellos recuerdos se borran en la agonía, y ahora el silencio. *¿Dónde estaba Dios cuando sucedió eso?* Pensé que Él tenía el control; ya no.

Angie está exhausta después de años de trabajo, al parecer infructuoso, para una agencia de ayuda a las víctimas de un espantoso terremoto. Tanta angustia, tantas necesidades, tan pocos recursos, tan poca esperanza. *¿Dónde estaba Dios cuando sucedió eso?* Pensé que Él tenía el control; ya no.

Este libro es para los que se hacen esta pregunta. La serie se llama «Preguntas que hacen los cristianos», pero esta es una pregunta para cualquier persona reflexiva. ¿Qué piensas? ¿Tiene Dios realmente el control? Algunos preguntan desde la seguridad de una conversación nocturna de estudiantes o de un programa de debate televisivo; para ellos es una «pregunta de sillón». Otros, como Daniel, Lakshmi, Pedro, Kevin, Julia y Angie, preguntan desde una agónica perplejidad; para ellos es una «pregunta de silla de ruedas». Este libro puede ayudar a los que hacen preguntas de sillón; pero principalmente a los que hacen preguntas de silla de ruedas: quienes lloran con lágrimas de dolor y perplejidad en la zozobra de un mundo corrompido.

Estábamos visitando una residencia de ancianos durante su fiesta de Navidad. Este hombre mayor y yo estábamos rodeados de ancianos y ancianas muy frágiles, muchos con demencia. Hablamos de la fe cristiana. «No —me dijo—, me temo que no puedo creer en un poder superior». Nuestra conversación fue interrumpida por un animador vestido de Papá Noel que nos dirigía, imitando a Tom Jones, en la canción *Delilah* (obviamente, no tenía ninguna relación con la Navidad). Sin embargo, me hubiera gustado seguir con la conversación. ¿Por qué no podía creer en un poder superior, como él lo llamaba?

Tal vez simplemente habría señalado a las personas que nos rodeaban. Había un hombre que había sido juez de un tribunal superior; ahora no podía ponerse de pie ni tampoco hablar. Otro hombre había pertenecido a *MENSA*, una organización de personas con alto coeficiente intelectual; ahora babeaba, no podía sostener la cabeza ni hablar inteligiblemente. Y mira a esa pobre mujer... Y así, podríamos continuar.

¿Cómo se puede esperar que creamos en un Dios bueno y todopoderoso cuando vivimos rodeados de tanta decadencia e impiedad? A gran escala, mientras escribo, Europa enfrenta la miseria de cientos de miles de refugiados que han huido del conflicto civil y las atrocidades del «Estado islámico» en Siria. En pequeña escala, una joven, que fue alumna mía, murió de manera repentina e inesperada, y dejó un esposo y dos hijos pequeños, un día antes del cumpleaños de uno de los hijos y cuatro semanas antes de Navidad. ¿Y se espera que creamos que existe un Dios bueno que tiene el control? Un buen amigo cristiano acaba de cumplir el primer aniversario del suicidio de su hermana. Gritamos: «¿Por qué permitió Dios que eso ocurriera?». Todos los que leen este libro tendrán momentos en los que querrán decir: «Me temo que no puedo creer en un poder superior. Ahora no». *¿O puedo?*

¿Tiene Dios realmente el control? Esta pregunta oculta otras preguntas más profundas. ¿Qué significa «realmente»? ¿Existe algún tipo de control factible, pero que no llega a ser control «real»? ¿Qué significa «control»? ¿Cómo cuadra con nuestras decisiones y nuestro poder humano real? ¿Y quién o qué es «Dios», si Dios existe?

Los seres humanos han respondido a estas preguntas de distintas maneras. Estas son algunas de las respuestas, que nos hacen pensar en las alternativas, antes de estudiar detenidamente lo que la Biblia enseña.

Modelo 1: Destino ciego

Lo que será, será: que pase lo que tenga que pasar. No hay un poder personal superior. Solo hay un destino ciego. «Tenía que pasar».

Un periodista le preguntó al primer ministro británico del siglo XX, Harold Macmillan, qué impulsa a un gobierno a desviarse. A lo que se supone que debería haber respondido: «Las circunstancias, estimado muchacho, las circunstancias». Estas cosas pasan. Solo sigue con tu vida. Lo que hagas no puede cambiar y de hecho no cambiará nada de lo que vaya a suceder. Resígnate a ello; ¡acostúmbrate a ello! No te molestes en hacer preguntas absurdas sobre Dios.

Modelo 2: La naturaleza es lo único que existe

Lo que podemos detectar con nuestros sentidos es lo único que existe. Es fantasía imaginar que existe un mundo oculto más allá. Así que deja de buscar a «Dios», como si eso solucionara tus problemas. No, sé sincero y realista, y sigue viviendo en este mundo como realmente es. No esperes que haya una gran coherencia, y mucho menos un propósito en todo. Algunas veces esto se llama «materialismo» o «naturalismo»: el universo material es lo único que existe.

Modelo 3: Dios en la naturaleza

La naturaleza es Dios y Dios es la naturaleza. Hay un espíritu del mundo, que inspira al universo. Podemos llamarlo «Dios» (o quizá «el espíritu de la madre tierra»). Esta idea se denomina «panteísmo», que proviene de las palabras griegas *pan* (todo) y *theos* (Dios).

O, una variante de esta, la naturaleza *es una parte* de Dios y Dios incluye la naturaleza. Aquí Dios es más grande que el universo, pero el universo está incluido dentro de la *Divinidad* de Dios. Aquí se ha agregado la palabra griega *en*, entonces obtenemos «panenteísmo»: todo está dentro de Dios, una parte de Dios.

En ambas posturas, Dios se mueve junto con el tiempo y cambia a medida que lo hace el universo, ya que el universo es —o es parte de— Dios.

Modelo 4: Dios, el árbitro

Si la cercanía caracteriza la filosofía anterior, el distanciamiento define este modelo. En lugar de estar en la naturaleza, o incluir la naturaleza, Dios está fuera del universo. Él no es un jugador que está en el campo, sino más bien un árbitro o un referí.

Tal vez, para empezar, Dios haya creado el juego con cierta estructura: un campo de juego con límites y algunas leyes. Es posible que permita que los jugadores jueguen como mejor les parezca. O quizá de vez en cuando haga sonar un silbato, intervenga para corregir algo, castigar o recompensar a alguien y cambiar la dirección del juego. Sin embargo, Dios mantiene una relación con el mundo a cierta distancia y, como mucho, esporádica. Esta idea de un Dios distante a veces se denomina «deísmo»; lleva el nombre de un movimiento (principalmente) del siglo XVIII.

Modelo 5: Varios dioses (politeísmo)

Tal vez la solución más simple sea suponer que *existen* poderes sobrenaturales invisibles por encima del mundo y rechazar la idea de que hay un único soberano. No, hay varios de esos poderes: llámalos espíritus, demonios, dioses y diosas, si quieres. Tal vez los árboles, las montañas y los ríos tengan espíritus asociados a ellos. Tal vez el sol, la luna, los planetas y las estrellas tengan cada uno un dios o una diosa, como Marte, el dios de la guerra, Venus, la diosa del amor. Quizá uno de estos dioses o diosas sea de alguna manera el principal, pero sería una exageración decir que cualquier divinidad es todopoderosa. Lo que experimentamos en la tierra son los ecos de la telenovela de las divinidades del Monte Olimpo, o donde sea que vivan. En cuyo caso no nos sorprenderá que el mundo que experimentamos carezca de coherencia por no hablar de pura bondad. Esto se denomina «animismo», «politeísmo» o «dualismo» (con solo una divinidad buena y una mala).

Modelo 6: Dios, el titiritero

La solución más simple y, al mismo tiempo, quizá la más problemática es suponer que solo existe un Dios real y soberano, que gobierna todo el universo directamente con su poder omnipotente. Esto es muy simple; es fácil de entender. Muchos piensan que es la postura cristiana, pero no lo es.

Cuando estudiemos lo que la Biblia enseña, veremos que la Biblia no está de acuerdo con ninguna de estas posturas.

La estructura de este libro

Un pasaje bíblico encabeza nuestros estudios. Es una petición bien conocida, que hacemos cada vez que oramos el Padrenuestro: «Venga tu reino. Hágase tu voluntad, como en el cielo, así también en la tierra». La primera mitad de este libro (capítulos 1 al 4) aborda cómo se hace la voluntad de Dios en la tierra, aquí y ahora. La segunda mitad (capítulos 5 al 7) considera cómo y por qué vendrá el tiempo cuando la voluntad de Dios se hará en la tierra así como en el cielo.

Capítulo 1

Dios sobre todas las cosas

Comencemos con la respuesta central de la Biblia: **Sí, Dios tiene el control absoluto**; si algo sucede, es porque Dios lo *permite*. Esto suena como Dios, el titiritero (Modelo 6), pero veremos que no lo es.

Puede que este capítulo te resulte frustrante. Querrás interrumpir más de una vez y decir: «Sí, pero...». Sin embargo, es importante que primero intentes comprender lo que *significa* y *no significa* esta respuesta central de la Biblia. Primero veremos lo que la Biblia enseña sobre el alcance del control de Dios: ¿Cuánto control tiene Dios?

Las Escrituras hacen algunas declaraciones radicales. Por ejemplo:

> Todo lo que quiso [Dios] ha hecho (Salmos 115:3).

> [Dios] hace todas las cosas según el designio de su voluntad (Efesios 1:11).

> [Dios] hace según su voluntad en el ejército del cielo, y en los habitantes de la tierra (Daniel 4:35).

Dios tiene el control absoluto de todas las cosas. Sin restricciones ni limitaciones. ¡Una afirmación extraordinaria!

La Biblia también explica en detalle qué significa eso.

¿Controla Dios los fenómenos naturales y el clima?

Sí, la Biblia así lo afirma. Dios «hace producir el heno... y las hierbas» (Salmos 104:14). Jesús dice que Dios «hace salir [el] sol... y que hace llover»; y que decide cuándo y sobre quién brillará el sol y caerá la lluvia (Mateo 5:45). «El fuego y el granizo, la nieve y el vapor, el viento de tempestad —incluso los huracanes y tifones— ejecutan su palabra» (Salmos 148:8, y ver también Job 28:25-26; 37:3-15).

¿Controla Dios el medio natural de los animales, pájaros, peces e insectos?

Sí, la Biblia así lo afirma. Jesús dice que «alimenta» a las aves del cielo, y ni un solo pajarillo cae al suelo sin que Dios lo permita (Mateo 6:26; 10:29). ¡Dios controla cada paso de cada pata de todos los ciempiés de la tierra! Incluso las violentas relaciones de los animales predador–presa de la cadena alimenticia están bajo su control (Salmos 104:21, 27).

¿Controla Dios a los seres humanos?

Esta es una buena pregunta, porque al menos parece que tenemos voluntad y tomamos nuestras propias decisiones. Sin embargo, la respuesta sigue siendo *sí*, la Biblia así lo afirma.

El libro de Proverbios expresa:

> En las manos del Señor el corazón del rey es como un río: sigue el curso que el Señor le ha trazado (Proverbios 21:1, NVI).

De manera similar, en medio de la historia del Antiguo Testamento, leemos que Dios cambió el corazón del rey de Asiria, y más tarde del rey persa, Ciro (Esdras 6:22; Isaías 44:28; 45:1). Ninguno de estos reyes conocía ni le importaba el Dios de la Biblia; y sin embargo, ¡cada rey decidió libremente hacer lo que el Dios de la Biblia había decidido que cada uno decidiría hacer! Estos reyes —de hecho, *cualquier* rey o, para el caso, *cualquier* ser humano— toman decisiones. Y son decisiones reales. Puede que el rey no sea consciente de Dios y tampoco le importe Dios; si bien el rey no es un títere, las decisiones que toma son precisamente las que Dios ha decidido que él tomará.

Necesitamos tratar de entender qué significa para Dios ser Dios. Las decisiones que Dios toma corresponden a un nivel más alto que las nuestras. Eso no convierte nuestras decisiones en una pantomima o un guiñol; nuestras decisiones son reales y tienen una influencia verdadera. Sin embargo, para Dios ser Dios significa: ¡que Él decide al más alto nivel, por encima de nuestro nivel humano, y decreta lo que luego nosotros decidiremos libremente! La razón por la que nos resulta difícil aceptar esto es porque solemos pensar en Dios como una versión más grande y más fuerte de nosotros mismos. Sin embargo, el Dios que la Biblia nos muestra es totalmente diferente de nosotros, y sus decretos ocurren a un nivel más alto que nuestras decisiones.

¿Controla Dios las naciones?

Sí, la Biblia así lo afirma. «Él multiplica las naciones, y él las destruye; esparce a las naciones, y las vuelve a reunir» (Job 12:23; ver Salmos 22:28).

> [Dios]... hizo todas las naciones... y determinó los períodos de su historia y las fronteras de sus territorios (Hechos 17:26, NVI).

El Dios que crea cada corazón humano determina las circunstancias de cada grupo de corazones humanos, ya sean naciones, grupos étnicos o culturales. Me encantan los mapas antiguos y descubrir los cambios ocurridos a lo largo de los años. En mi vida, el mapa del mundo ha cambiado radicalmente con el fin del Imperio británico y la desintegración de la Unión Soviética. La Biblia declara que Dios determina todas las circunstancias de las naciones y cada detalle de estas últimas.

¿Tiene Dios el control de todo lugar?

Sí, la Biblia así lo afirma. En Salmos 139, David canta que, si subiera «a los cielos», Dios estaría allí, y si descendiera hasta «el Seol», Dios también estaría allí (v. 8). La Biblia enseña que Dios no es una sustancia que, de alguna manera, se extiende por todo el universo; Dios es un espíritu que está totalmente presente en todo lugar. A veces hay áreas prohibidas para la policía en ciertas ciudades conflictivas; sin embargo, no hay áreas prohibidas para Dios. En el lugar más terrible, oscuro y violento, Dios está totalmente presente y tiene el control de todas las cosas.

¿Controla Dios los hechos fortuitos?

Un profesor de bioquímica retirado dijo que no cree en la Biblia porque las mutaciones genéticas son un hecho fortuito. Y, por lo que podemos ver, lo son. Gran parte de lo que sucede en el mundo nos parece fortuito. Si has estudiado la teoría del caos, sabrás que el más mínimo de los hechos fortuitos puede tener enormes consecuencias; el ejemplo clásico es cómo el aleteo de una mariposa en la selva amazónica puede provocar un tifón del otro lado del mundo.

Y, sin embargo, la respuesta es **sí**, la Biblia así lo afirma. Un proverbio lo expresa claramente:

> La suerte se echa en el regazo; mas de Jehová es la decisión de ella (Proverbios 16:33).

Detrás de lo que experimentamos como un hecho

fortuito, está la mano oculta del Dios soberano. Cada moneda que se lanza al aire, la mutación de cada gen, están bajo su dirección.

Los hechos fortuitos nos frustran. Podemos planear, elaborar estrategias, hacer preparativos, y experimentar la frustración de todas nuestras esperanzas por un hecho imprevisto. Como señala otro proverbio: «El caballo se alista para el día de la batalla; mas Jehová es el que da la victoria» (Proverbios 21:31).

¿Controla Dios el futuro?

Sí, la Biblia así lo afirma. Ella declara repetidas veces que Dios vive más allá y fuera del tiempo, que tiene el pleno control del tiempo pasado, presente y futuro. Así como Dios creó todo el espacio, creó todo el tiempo. El tiempo es —como sabemos por la física moderna— una dimensión de la existencia. Lejos de moverse *dentro* del tiempo, Dios está más allá y por encima del tiempo. Él «ha prefijado» los «tiempos» de las naciones (Hechos 17:26). Jesús habló de «los tiempos o las sazones, que el Padre puso en su sola potestad» (Hechos 1:7). Cuando Dios habla de sí como el «Yo soy», quiere decir que está totalmente presente en todo tiempo, así como está totalmente presente en todo lugar. Dios no viaja a diferentes momentos en una máquina del tiempo o en un *DeLorean* divino, como si fuera una especie de Dios de *Regreso al futuro*; no, Él está completamente presente en todo tiempo. No hay tal cosa como el pasado o el futuro con Dios, sino solo el presente. Con Él...

> ...un día es como mil años, y mil años como un día (2 Pedro 3:8).

Entonces, no es que Dios es *como* nosotros, solo que existe desde mucho antes y que perdurará por mucho más tiempo. No, Dios *no es como* nosotros. Él no es meramente «infinito» (que se prolonga por mucho tiempo), sino «eterno» (está por encima y más allá del tiempo).

Los que piensan que Dios está presente en todas las cosas —panteístas o panenteístas— indican que Dios se mueve, como nosotros, dentro del tiempo. Tal vez se explica como si fuera un gran maestro de ajedrez, que intenta vencer a una sala llena de aficionados. La mayoría de las veces, Él gana. Dios es muy inteligente, mucho más inteligente que nosotros; pero de vez en cuando pierde un partido. De la misma manera, se indica que Dios no puede conocer el futuro y, mucho menos, controlarlo; sino que asume riesgos, tal como nosotros tenemos que hacer. Sin embargo, la Biblia no está de acuerdo con esta visión limitada del control de Dios. El Dios de la Biblia controla todo el tiempo, así como controla todo el espacio.

¿Controla Dios el mal?

Sí, la Biblia incluso afirma esto. Quizá esta sea la parte más increíble de la respuesta bíblica, y pasaremos la mayor parte del resto del libro viendo qué dice la Biblia al respecto. No será fácil; a muchos de nosotros nos resulta realmente difícil pensar tal cosa. Una de las declaraciones más confusas sobre esta afirmación se encuentra en el libro de Isaías, donde Dios dice, por medio del profeta: Yo «que formo la luz y creo las tinieblas, que hago la paz y creo la adversidad» (Isaías 45:7). Según la Biblia, ni el mal mismo puede existir independiente del control y la dirección de Dios.

¿Controla Dios todo?

Sí, esto es realmente lo que la Biblia afirma constantemente. En todas las enseñanzas de la Biblia, encontramos que Dios controla todos y cada uno de los acontecimientos, desde el más pequeño hasta el más grande, desde el más predecible hasta el aparentemente fortuito, visible e invisible, en todo lugar, en todo tiempo, desde el menos complejo hasta el más intrincado, incluso para los seres humanos con toda nuestra maravillosa capacidad de pensar, razonar y tomar decisiones. Desde el crecimiento de una simple brizna de hierba en la era de los dinosaurios hasta la activación de cada vía neuronal de un científico brillante que desafía los límites de la física, el control de Dios es total, detallado e infalible. Este es el alcance del control de Dios.

Lejos de ser un Dios distante que pone el universo en movimiento y lo abandona, o de vez en cuando hace sonar su silbato de árbitro para intervenir, Dios participa activamente en el universo, átomo por átomo, nanosegundo por nanosegundo.

Y, sin embargo, Él hace lo que hace de una manera que no eche por tierra nuestra capacidad de tomar decisiones reales. Dios no es el titiritero, que simplemente tira de las cuerdas, sino que gobierna a un nivel mucho más alto y superior. Esta es quizá la verdad más importante que debemos comprender: que Dios no es una versión más grande, más fuerte, más inteligente de nosotros mismos. Su grandeza no es comparable; ni siquiera superlativa (la versión más grande, más fuerte, más inteligente de nosotros mismos). No, Dios es totalmente diferente a nosotros; muy superior a nosotros en todos los sentidos, no solo en medida sino también en calidad.

Es muy difícil entender esto, no solo con nuestra mente, sino también con nuestras emociones. Puede que esto te confunda, incluso te enoje, quizá te ponga nervioso el rumbo que el tema está tomando. Si en este momento tu situación es difícil, esto puede ser especialmente difícil de digerir. Quiero animarte a que sigas leyendo para ver lo que enseña la Biblia. ¡Nos esperan algunas sorpresas!

¿Qué es el teísmo abierto?

«Teísmo» es una abreviación que denota la existencia de Dios. El «teísmo abierto» es la abreviatura de un movimiento teológico relativamente nuevo, que intenta redefinir el conocimiento de Dios en la Biblia. En lugar de mostrar que Dios existe fuera del tiempo —es soberano sobre el tiempo—, el teísmo abierto afirma que Dios existe *dentro* del tiempo; su conocimiento del futuro es provisional y «abierto» a diferentes resultados. Dios asume riesgos. No sabe con certeza qué sucederá.

Entonces, los que sostienen esta posición afirman que Dios no tiene la culpa de las cosas malas que suceden. Esto parecería ser un beneficio; después de todo, luchamos con la idea de que Dios decreta el acontecimiento de cosas malas. No obstante, este aparente beneficio tiene un precio muy alto, ya que el mal ejerce su poder independientemente de Dios; Él *no puede* controlarlo por completo y de hecho no lo controla. Entonces, el mundo se convierte en un lugar más aterrador. En vez de poder confiar en el Dios que conoce y dirige el futuro, debemos confiar en un Dios que hace lo mejor que puede y asume riesgos. No tenemos ninguna seguridad de que los acontecimientos no tomen por sorpresa a este Dios pequeño. Para consolar a un amigo cuya esposa ha muerto, todo lo que podemos decir es que Dios no quiso que sucediera; hizo todo lo posible, y no podemos culparlo por tal accidente o cáncer. ¡Ningún consuelo!

Dos defensores bien conocidos de este tipo de pensamiento son Clark Pinnock en su libro *The Openness of God* [La franqueza de Dios], y Gregory Boyd, que escribió *El Dios de lo posible*. Para obtener una explicación clara de esta enseñanza y entender por qué es errónea, ver Bruce Ware: *God's Lesser Glory* [La gloria inferior de Dios].

Cuando nos suceden cosas malas, es muy fácil caer en esta manera de pensar. Nos olvidamos muy rápido de que Dios realmente tiene el control incluso de tal calamidad, tristeza o suceso inesperado. Recuerda: si Dios no tiene el control, el mal puede hacer lo que quiera con solo una restricción parcial de parte de Dios. Este es un pensamiento aterrador, que la Biblia califica como una falacia. Nunca debemos olvidar que Dios «hace todas las cosas según el designio de su voluntad» (Efesios 1:11).

Capítulo 2

El Dios invisible

Si Dios controla todas las cosas, surge una pregunta: ¿Cómo —de qué manera, mediante qué mecanismos— lo hace? Al final de su prosa de alabanza, el apóstol Pablo escribe sobre Dios: «Porque *de* él, y *por* él, y *para* él, son todas las cosas» (Romanos 11:36). Podemos tomar estas tres palabras —*de*, *por* y *para*— como un marco apropiado para el estudio de la respuesta bíblica.

1. «De él»: ¿Cómo existen las cosas?

La Biblia enseña que Dios es el *Creador* y el *Sustentador* de todas las cosas. Dios es el Creador que hizo todas las cosas de la nada. Sin embargo, es más que eso; es también Aquel de quien todas las cosas existen y subsisten. Uno de los cánticos del libro de Apocalipsis declara de Dios...

> ...tú creaste todas las cosas, y por tu voluntad *existen* y fueron creadas (Apocalipsis 4:11).

La *existencia* de lo creado, el continuo verdor de la hierba, el infinito azul del cielo, el permanente raciocinio y creatividad de los seres humanos, todo depende de la voluntad inmutable de Dios.

En referencia a que Dios sostiene el universo las 24 horas del día, los 7 días de la semana, los 365 días del año, Jesús dijo: «Mi Padre hasta ahora trabaja, y yo trabajo» (Juan 5:17). La Biblia declara que Jesucristo, el eterno Hijo de Dios...

> ...es antes de todas las cosas, y todas las cosas en él subsisten (Colosenses 1:17).

Cuando estaba en la escuela, mi libro de texto de física tenía este versículo impreso en la portada. Como tantos buenos científicos, el autor era un científico y, a la vez, un cristiano creyente. No solo la creación original, sino la continua coherencia e integridad de todas las cosas dependen de Dios.

Debemos rechazar la idea de un Dios distante, que es trascendente (es decir, que está por encima y más allá de todas las cosas); porque el Dios de la Biblia es inmanente, o sea, está íntimamente presente y es partícipe del gobierno del universo. Sin embargo, no debemos ignorar la trascendencia de Dios. El panteísmo y el panenteísmo sugieren que, si el universo dejara de existir, Dios dejaría de existir, o al menos cambiaría y disminuiría. En realidad, es a la inversa: si no fuera por el continuo sustento de Dios, todas las cosas dejarían de existir. El Dios de la Biblia es trascendente e inmanente al mismo tiempo, sostiene el universo y, sin embargo, participa activamente en el universo.

2. «Por él»: ¿Mediante qué mecanismos controla Dios el universo?

La respuesta de la Biblia es que, normalmente, Dios usa cadenas de causa y efecto: los tipos de procesos y relaciones que estudiamos, por ejemplo, las leyes físicas de la ciencia. Dios usa la gravedad para mantener a la tierra girando alrededor del sol; usa procesos bioquímicos para hacer que la luz del sol y el agua hagan crecer la hierba; usa el ingenio humano para la realización de inventos y la creatividad humana para la ejecución de obras de arte y literatura.

Incluso podemos identificar las cadenas de causa y efecto detrás de algunos de los llamados «milagros». Por ejemplo, cuando Dios permitió que los hebreos cruzaran el Mar de Juncos (una sección del Mar Rojo), no lo hizo como se ve en tantas películas y libros ilustrados. Lo hizo por medio de condiciones climáticas inusuales, descritas en la Biblia como «recio viento oriental» (Éxodo 14:21). Cuando predica en Atenas, Pablo cita con beneplácito a uno de sus poetas, quien dijo que en Dios «vivimos, y nos movemos, y somos» (Hechos 17:28). Nuestra manera de movernos —en referencia a cada proceso del universo— es parte de una gran red de causas y efectos, que Dios usa para controlar el universo.

Esto plantea dos preguntas más.

¿Cómo se relaciona la causalidad de Dios con las causas que podemos detectar o describir?

El pensamiento natural, pero equivocado, es suponer que las cosas suceden en parte por causas naturales y en parte como resultado de la intervención de Dios. En la normalidad de la vida cotidiana, se trata principalmente de causas y efectos naturales; en un milagro, se trata principalmente de la intervención de Dios. Podríamos decir que es una perspectiva del universo como si fuera una bicicleta tándem. Dios pedalea —a veces enérgicamente, a veces a rueda libre—, y nosotros (todas las criaturas del universo) también pedaleamos fuerte. A veces Dios pone toda su fuerza, y a veces lo hacemos nosotros. Entre nosotros... ¡quizá podamos llegar a la cima en tándem!

Sin embargo, esto es una falacia. Un suceso puede describirse, igual de verdadero, como el absoluto resultado de causas naturales y como el absoluto resultado del decreto y la voluntad de Dios. Es 100%: 100%. El término técnico indicado es «concurrencia». Dios actúa a un nivel superior de causalidad; lo que Él causa está por encima y más allá de todas las causas que detectamos o describimos.

¿Podemos detectar a Dios en la acción de gobernar el mundo?

No, no podemos. A veces podemos detectar la acción de las cadenas de causa y efecto en el mundo. Las ciencias físicas y casi todas las ciencias sociales pretenden hacerlo con diversos grados de éxito. Vale la pena intentarlo y a veces lo logramos con bastante éxito.

¿Pero qué podemos decir con respecto a la mano de Dios en acción? La respuesta de la Biblia es que no podemos detectar la mano de Dios con nuestros sentidos humanos. Dios es invisible. Dos veces el apóstol Juan así lo indica (Juan 1:18; 1 Juan 4:12). Pablo escribe: Dios, el «solo Soberano, Rey de reyes, y Señor de señores, el único que tiene inmortalidad, que habita en luz inaccesible; *a quien ninguno de los hombres ha visto ni puede ver*» (1 Timoteo 6:15-16). Decir que Dios es invisible es una manera de decir que no podemos ver, oír, tocar, probar u oler a Dios. Es inaccesible a nuestros sentidos. Podrías ver los sucesos que dieron paso a la apertura del Mar Rojo, y todo lo que podrías detectar serían las condiciones climáticas inusuales. Tal vez te preguntes por qué sucedió ese hecho inusual justo allí y en ese momento, pero no podrías tener ninguna prueba física de que eso fuera la mano de Dios, ninguna respuesta física para el ateo escéptico o agnóstico. La Biblia dice que es de esperarse que sea así, porque Dios es invisible.

¡Hay una respuesta más positiva, que veremos en el próximo capítulo!

3. «Para él»: ¿Va por buen camino el universo?

La Biblia enseña que Dios es el Creador original, el continuo Sustentador, que usa patrones de causa y efecto secundarios para gobernar el universo. Sin embargo, también enseña que gobierna el universo con un propósito y objetivo grandiosos. Con palabras muy gráficas, Pablo señala que toda la creación gime, como si tuviera dolores de parto, con el anhelo de que llegue el fin de la vanidad y la corrupción, y la esperanza de la libertad, el orden, la vida y la gloria que es su destino (Romanos 8:19-22). Esto hace referencia al propósito de Dios...

> ...de reunir todas las cosas en Cristo... así las que están en los cielos, como las que están en la tierra (Efesios 1:10).

Vamos a aclarar qué significa esto en capítulos siguientes, ya que se plantean más preguntas sobre el mal y el sufrimiento, y veremos por qué Dios gobierna el universo como lo hace. En el próximo capítulo abordaremos estas preguntas intrincadas.

¿Le importan a Dios las pequeñas cosas de mi vida?

Sí, a Dios le importan todas las cosas de tu vida: pequeñas y grandes, presentes y futuras. Tiene contados los cabellos de tu cabeza (Mateo 10:30). Entonces, cuando las cosas te tomen por sorpresa, quizá cosas terribles o estremecedoras, nunca olvides que tu amoroso Padre celestial cuida de ti y guía tu vida. Nada ni nadie puede tomar por sorpresa a Dios.

No puede sucederte nada que Él no haya diseñado. Todos tus días están escritos en su libro antes que exista uno de ellos (Salmos 139:16).

Además, Dios quiere que ores para que Jesús reciba la honra y triunfe la bondad en todas las cosas, en cada momento, día y noche, cuando estás solo y cuando estás con los demás. Mientras Él dirige y controla cada detalle de tu vida, te guste o no, su propósito divino es que tus deseos y tus decisiones se conformen cada vez más a sus deseos.

Sin embargo, no debemos pensar que Dios nos dirá en detalle qué hacer. Cuando abras el cajón de los calcetines por la mañana, no esperes que una línea directa celestial te muestre qué par de medias ponerte. Lo que más resalta la Biblia no son tanto las decisiones individuales, aunque sí importan, sino el desarrollo de la madurez divina y el carácter cristiano. Ora para convertirte en un hombre o una mujer que quiera y tome buenas decisiones.

Capítulo 3

Dios sobre el mal

Hemos visto la respuesta central de la Biblia y hemos dilucidado algo de lo que significa. Hay un Dios que controla todas las cosas en todo lugar y en todo momento. Sustenta todas las cosas que existen, las dirige mediante el uso (frecuente) de patrones de causa y efecto detectables, y lo hace con un propósito.

La adversidad es un problema del mal, en toda su malignidad y horror. No sirve —dicen algunos— afirmar que un Dios bueno y todopoderoso gobierna sobre el mal. Sin embargo, la Biblia enseña esto, a veces de manera escandalosa. Por ejemplo, el profeta Amós interpela: «¿Habrá algún mal en la ciudad, el cual Jehová no *haya hecho*?» (Amós 3:6). Esto es tan escandaloso que muchos prefieren suavizar las enseñanzas de la Biblia. «No —dicen—, Dios es bueno y el mal atenta contra sus propósitos. Él *permite* que sucedan cosas malas, pero no debemos decir que las *causa*».

Un amigo mío daba una conferencia sobre la hipótesis de que Dios es el causante de los desastres naturales. Uno de los asistentes preguntó: «¿Quiere decir que todo lo bueno proviene de Dios y todo lo malo del ser humano?». Es fácil y natural suponer que la respuesta a este dilema sea de este tenor.

Sin embargo, en cuanto lo pensamos, caemos en los ejemplos de politeísmo, animismo o dualismo que hemos estudiado brevemente en la introducción. En lugar de un Dios soberano, damos espacio a más de un poder o ser sobrenatural. Tal vez solo dos, con lo cual damos lugar a algo como el «lado oscuro de la fuerza» (en términos de *La guerra de las galaxias*). O tal vez más de dos: varios dioses y diosas, espíritus, demonios, ángeles; es decir, seres sobrenaturales de carácter muy variado, que combaten en luchas y batallas celestiales. Esto parece resolver el problema de proteger la bondad y la santidad de Dios. Sin embargo, la Biblia no lo permitirá. Necesitamos averiguar por qué.

1. ¿Existen los poderes del mal independientemente de Dios?

No, no existen independientemente de Él. No hay duda de que el universo incluye poderes del mal. A veces son seres humanos: asesinos, torturadores, genocidas, violadores y otros. Sin embargo, la mayoría de las personas a lo largo de gran parte de la historia de la humanidad ha llegado a la conclusión de que el mal es tan inexplicablemente horrible, que debe tener alguna dimensión sobrenatural. Lo podrían describir en términos de demonios, espíritus malignos o Satanás. No obstante, concuerdan en que una explicación meramente natural del mal es desacertada. La Biblia está de acuerdo. Habla del diablo, o Satanás, como el líder de un conjunto de seres malignos sobrenaturales. Cuando la gente es escéptica sobre la existencia del diablo, cabe preguntar, como lo hace un distinguido teólogo: «Si el diablo no existe, ¿quién lleva a cabo sus obras?».

Lo que la Biblia no permitirá es que estos poderes del mal, humanos y sobrehumanos, puedan existir y ejercer una acción independientemente del poder soberano del único y buen Dios Creador. A pesar de su horror y malignidad, están dentro, y no fuera, de la esfera del control de Dios.

La Biblia a veces lo describe en términos de una especie de reunión de gabinete celestial. Con frecuencia, la Biblia habla de las realidades invisibles de una manera entendible para nuestra limitada capacidad de comprensión, y este es uno de tales casos. Aquí hay dos ejemplos.

Primero, entre los libros de historia del Antiguo Testamento (en 1 Reyes 22), como parte de una historia más amplia, vemos que la buena voluntad de Dios era que un rey en particular (Acab) atacara a un pueblo en particular (Ramot de Galaad). No necesitamos detenernos en los detalles, pero lo interesante es cómo se describen los procesos invisibles (si podemos llamarlos así). El profeta Micaías ve en visión que Dios presidía una reunión de gobierno celestial.

> Entonces él dijo: Oye, pues, palabra de Jehová: Yo vi a Jehová sentado en su trono, y todo el ejército de los cielos estaba junto a él, a su derecha y a su izquierda. Y Jehová dijo: ¿Quién inducirá a Acab, para que suba y caiga en Ramot de Galaad? Y uno decía de una manera, y otro decía de otra. Y salió un espíritu y se puso delante de Jehová, y dijo: Yo le induciré. Y Jehová le dijo: ¿De qué manera? El dijo: Yo saldré, y seré espíritu de mentira en boca de todos sus profetas. Y él dijo: Le inducirás, y aun lo conseguirás; ve, pues, y hazlo así. Y ahora, he aquí Jehová ha puesto espíritu de mentira en la boca de todos tus profetas, y Jehová ha decretado el mal acerca de ti (1 Reyes 22:19-23).

Dios pregunta cómo podían inducir al rey Acab para que ejecutara este ataque. Se descartan varias sugerencias hasta que una figura celestial sugiere ser «un espíritu de mentira en boca» de los falsos profetas. Quizá para nuestra sorpresa, Dios aprueba esta propuesta y envía a este espíritu del mal a hacer su trabajo maligno, para lograr el buen propósito de Dios. El espíritu del mal es uno de los agentes de Dios para lograr su buen propósito.

Satanás: ¿un adversario en el cielo?

Vemos algo similar al comienzo del libro de Job (al cual volveremos en el capítulo 7). Dios se reúne en «el cielo» (el «espacio» de Dios, la esfera invisible en la que Dios habita) con sus ministros de gobierno celestial (llamados «hijos de Dios» o «ángeles»). Estos seres son más que humanos, pero menos que divinos. Con palabras del Nuevo Testamento, se encuentran en «las regiones celestes» (Efesios 6:12) sin llegar al cielo más elevado donde Dios habita en pura santidad. Uno de estos seres se llama «Satanás», un nombre que significa «adversario». A medida que el drama de Job se desarrolla, queda claro que «Satanás» en realidad es uno de los ministros de Dios. Es una especie de «ministro de hostilidad». En el capítulo 7 veremos que, por muy raro que parezca, se necesita su trabajo.

Todo esto está gráficamente ilustrado en dos relatos bíblicos paralelos de un incidente ocurrido en la vida del rey David. En un momento de su reinado, David ordenó hacer un censo de sus hombres de guerra. Haber hecho esto parece haber sido una actitud de orgullo y autosuficiencia, algo que reflejaba falta de confianza en Dios. En el primer libro de Crónicas leemos:

> Pero *Satanás* se levantó contra Israel, e *incitó a David* a que hiciese censo de Israel (1 Crónicas 21:1).

Entonces hubo un poder sobrenatural maligno que trabajó en el corazón de David para incitarlo a tomar esa orgullosa decisión. Pero, cuando vemos el relato paralelo del mismo censo en otra historia de la Biblia, leemos lo siguiente:

> Volvió a encenderse la ira de *Jehová* contra Israel, e *incitó a David* contra ellos a que dijese: Ve, haz un censo de Israel y de Judá (2 Samuel 24:1).

¡Aquí es *Dios* el que incita a David a realizar el censo!

Entonces, ¿quién incitó a David a realizarlo: Satanás o Dios? Ambas afirmaciones son verdaderas. Decir que Dios lo hizo es basarnos en la idea central de nuestros capítulos 1 y 2, donde vimos que, si algo sucede, en el fondo es Dios el que lo hace. Decir que Satanás lo hizo es reconocer que Dios usó a Satanás como su instrumento para incitar a David a realizarlo. Satanás es malvado y por naturaleza le fluye hacer malas obras. Dios es bueno y, sin embargo, por alguna extraña razón, usa incluso a Satanás para lograr sus propósitos.

No obstante, el punto a tener en cuenta por ahora es que Dios gobierna el universo por medio de la acción de varios poderes sobrenaturales, ¡*algunos de los cuales son malignos*! Entonces, la descripción de la Biblia no es la de un Dios que maneja todos los hilos como un titiritero (Modelo 6) ni la de un Dios que lucha para ver quién gana un día en particular en un lugar en particular (Modelo 5). Más bien, es un Dios todopoderoso que gobierna el universo como Él decide, pero que lo hace por medio de la acción de una variedad de poderes sobrenaturales, algunos de los cuales son malignos.

2. ¿Cómo un Dios bueno puede controlar y dirigir los poderes del mal?

Esto plantea la pregunta de cómo Dios, quien se supone que es bueno, puede dirigir y controlar fuerzas que son malignas. Parece una contradicción. Para entender la definición de la Biblia, piensa en esto: si quiero que hagas lo que yo quiero, tengo dos maneras de hacerlo. Por un lado, podría persuadirte para que decidas hacerlo con agrado y de manera voluntaria. Esa es la manera simple, y veremos que representa al evangelio, que es el tema de los capítulos 5, 6 y 7; pero hay otra manera. Si soy un poco inteligente, podría conseguir que tú —que solo estás motivado por lo que deseas— hagas lo que tú quieres y, sin embargo, sin darte cuenta terminarás haciendo lo que yo quiero. Intentas hacer una cosa, pero la consecuencia, involuntaria para ti, es otra cosa; de hecho, ¡es precisamente lo que yo pretendía!

Es algo así como lo que Dios hace al gobernar los poderes del mal en la tierra. El teólogo del siglo XVI, Juan Calvino, lo expresa así: las personas «sirven a Dios de dos maneras: o ejecutan sus órdenes voluntariamente o son inducidas a hacerlo por un impulso ciego». Es lo mismo con el diablo y los espíritus malignos. No están motivados por la obediencia, sino por su propia maldad perversa. Y, sin embargo, se ven «constreñidos» y «el Señor mueve todos sus esfuerzos de modo que respondan al fin que Él ha decretado». ¿Cómo es esto en la práctica? Hay innumerables ejemplos en las páginas de las Escrituras.

Algunos ejemplos de la Biblia

En el libro de Génesis, vemos que José es uno de los hijos de una familia sumamente disfuncional. Sus hermanos (de cuatro madres diferentes) lo aborrecen. Se mueven impulsados por el odio. Su intención es perjudicar a José. Lo venden como esclavo. A medida que la historia se desarrolla, queda claro que, por la acción de sus hermanos malvados, toda la familia se salva de la inanición. Al final, José dice a sus hermanos: «Para preservación de vida me envió Dios delante de vosotros» y, de hecho, lo que «vosotros pensasteis mal contra mí... Dios lo encaminó a bien, para hacer lo que vemos hoy, para mantener en vida a mucho pueblo», que era la provisión de alimentos en el tiempo de hambruna (Génesis 45:5 y 50:20). Dios tuvo buenas intenciones. Los hermanos tuvieron malas intenciones. Y, sin embargo, Dios usó sus malas intenciones para, finalmente, obtener un resultado bueno.

Más de una vez en el Antiguo Testamento, tiranos violentos y egoístas invadieron la tierra prometida. Esos ejércitos obraron por impulso, movidos por la avaricia, y se caracterizaron por la crueldad. Sin embargo, más de una vez, Dios los describe como sus agentes e instrumentos, para cumplir sus propósitos buenos y precisos. Se refiere a Asiria como «vara y báculo de mi furor» (Isaías 10:5); habla de otro ejército invasor como su propio ejército (Joel 2:11). Estos ejércitos no tenían la intención de hacer la voluntad del Dios de la Biblia; y sin embargo, la hicieron sin ni siquiera darse cuenta.

Tal vez el ejemplo bíblico más firme y dramático de este hecho sea el libro de Ester. En él vemos la providencia detallada de Dios que invalida y usa todo tipo de motivaciones ambiguas y malvadas para lograr sus propósitos. Es una historia dramática de gran intriga, una especie de *El ala oeste de la Casa Blanca,* en el corazón del Imperio persa. Es una narración intensa, dramática y muy entretenida... de tono tenebroso. Y, sin embargo, se relata como si fuera una historia terrenal común y corriente. Nunca se menciona a Dios; nadie ora o profetiza para informarnos lo que Dios está haciendo o pensando; no hay hechos milagrosos. Casi todo en el libro puede explicarse sencillamente como seres humanos que dicen y hacen cosas como las que siempre dicen y hacen los seres humanos: una mezcla de lealtad y traición, racionalidad e insensatez, amor y odio, lujuria y pureza, complot de un lado y complot del otro. Puedes leer todo el libro a un nivel puramente humano. Y aun así...

Aquí, en un resumen muy breve, están algunos de los principales hechos que se desarrollan. Estamos en la corte del Imperio persa en un momento cuando el emperador gobernaba casi todo el mundo conocido.

- Primero, resulta ser que su reina lo desafía y él la destituye de su título de reina (cap. 1).
- Luego, elige a otra reina que *resulta ser* una joven judía, Ester, criada por un primo judío mayor, un funcionario llamado Mardoqueo.

- Posteriormente, *resulta ser* que Mardoqueo se entera por casualidad acerca de un complot para asesinar al rey, denuncia ese complot y salva la vida del rey; pero no recibe ninguna recompensa (cap. 2).

- Después de eso, un enemigo malvado de todo el pueblo de Dios, un hombre llamado Amán, *resulta ser* que es el primer ministro y conspira para exterminar a todo el pueblo de Dios; puesto que es supersticioso, *echa suertes* para elegir un buen día para tal masacre, y *resulta ser* que el día es dentro de un año (cap. 3).

- Ester accede a hablar con el rey; se presenta valerosamente delante de él; *resulta ser* que el rey está de buen humor y acepta su invitación a cenar al día siguiente.

- Mientras tanto, *resulta ser* que Amán había elegido ese día para pedir al rey que ejecute a Mardoqueo por insubordinación (caps. 4 y 5).

- Y luego, justo en el tramo central de la historia, *resulta ser* que el rey no puede dormir; le pide a sus criados que le lean el (probablemente extenso) libro de las crónicas de todo lo que sucedió durante su reinado (lo que equivale hoy día a ver una película de medianoche); *resulta ser* que escogen la sección que cuenta cómo Mardoqueo salvó la vida del rey; el rey pregunta si recompensaron a Mardoqueo, y le informan que no (cap. 6, vv. 1-3).

- Mientras esto sucede, *resulta ser* que llega Amán para pedir al rey que ejecute a Mardoqueo. Después de una hilarante conversación y malentendidos, Amán debe honrar a Mardoqueo públicamente (cap. 6). Y luego, después de algunas coincidencias más, Amán termina siendo ejecutado (cap. 7), y el complot para exterminar al pueblo de Dios queda al descubierto.

Hay varios actores humanos en el drama. Cada uno de ellos toma decisiones y quiere lograr sus propios objetivos. El rey quiere una vida mayormente tranquila en el imperio. Amán quiere poder y exaltación. Ester empieza por querer una vida tranquila, pero luego quiere el bienestar de los judíos. Y así sucesivamente. Las motivaciones son diferentes: algunas bastante buenas, las más ambiguas, y otras francamente malas. Y, sin embargo, *«resultó ser»* que los acontecimientos sobre los que leímos no sucedieron por casualidad.

Detrás de cada acontecimiento, cada conversación, cada elección del momento indicado, cada noche de insomnio, allí estuvo la mano decidida de Dios. Hombres, mujeres, ángeles y demonios pretendían todo tipo de cosas; y Dios tramó la intención y las acciones de todos ellos en una gran historia en la que se cumplieran sus propósitos.

La cruz

El punto culminante de esta manera extrañamente sabia de obrar se ve en la cruz de Jesucristo.

En Juan, capítulo 11, Caifás, un sumo sacerdote judío y un hombre absolutamente impío, dice al Sanedrín (el consejo gobernante judío) que la solución política obvia al problema de Jesús —y el riesgo que Jesús representaba para la seguridad bajo el gobierno romano— era que ese «hombre [Jesús] muera por el pueblo» antes «que toda la nación perezca» bajo la retribución romana por la agitación mesiánica (Juan 11:49-50). El consejo pretendía que Caifás ejecutara un simple juicio político: matar a Jesús, antes que los romanos los mataran a todos. Y, sin embargo, aunque pretendía una decisión política despiadada e impía, esa misma decisión sirvió al propósito de Dios de que este hombre muriera «por el pueblo», en su lugar, como un sustituto, para rescatarlos del juicio de Dios.

Unos días más tarde, Poncio Pilato tiene a Jesús en juicio y recuerda que él tiene el poder de la vida y la muerte sobre Jesús. A lo que el Maestro responde: «Ninguna autoridad tendrías contra mí, si no te fuese dada de arriba» (Juan 19:11). Dios otorgó a Pilato autoridad para ordenar la crucifixión de Jesús. Dios hizo a Pilato quien era: el colmo de un gobernador débil e inseguro. Dios dirigió la decisión injusta de Pilato de ejecutar a un hombre inocente. Dios controló todo eso para lograr sus propios propósitos.

Desde un punto de vista humano, los discípulos vieron la muerte de Jesús como una catástrofe de inmensa proporción. Sin embargo, solo unas semanas más tarde, vieron las cosas muy diferentes. Ahora eran testigos de la resurrección y estaban llenos del Espíritu Santo. Recibieron una nueva perspectiva de los propósitos de Dios. Ahora podían ver que sus suposiciones anteriores estaban totalmente equivocadas. Por lo tanto, los apóstoles predicaron este mensaje a sus hermanos judíos:

> «a éste [Jesús], entregado por el determinado consejo y anticipado conocimiento de Dios, prendisteis y matasteis por manos de inicuos, crucificándole» (Hechos 2:23).

Y aun así, los que crucificaron a Jesús, por más malos que fueron, hicieron...

> «cuanto tu mano y tu consejo [de Dios] habían antes determinado que sucediera» (Hechos 4:28).

Muchos malos corazones, malas voluntades y malas acciones conspiraron para crucificar a Jesús, posiblemente en el acto más malvado que la humanidad haya cometido. Y, sin embargo, Dios lo estaba controlando todo y asegurándose de que sirviera para sus buenos propósitos de rescatar a un mundo perdido mediante la muerte de Jesús.

Esta asombrosa comprensión de cómo Dios ejerce su soberana voluntad en el mundo nos ayuda a responder una serie de preguntas.

¿Tiene Dios el control cuando los poderes del mal gobiernan la tierra o cuando hay delitos o terrorismo?

Esta es una pregunta apremiante y urgente para muchas personas. Lo fue para los que estuvieron bajo el poder nazi en la década de 1930 y 1940, y para los que estuvieron en Camboya bajo los Jemeres Rojos en la década de 1970. Todavía lo es para los que hoy están bajo el poder de los talibanes o ISIS. A menor escala, esto afecta a las víctimas de delitos, a los que padecen abusos físicos o sexuales y a los mutilados o afligidos en ataques terroristas. Es fácil entender cómo los individuos llegan a la conclusión de que un Dios indiferente los ha abandonado y olvidado o que es indefenso para protegerlos. El escritor de Eclesiastés dice:

> Me volví y vi todas las violencias que se hacen debajo del sol; y he aquí las lágrimas de los oprimidos, sin tener quien los consuele; y la fuerza estaba en la mano de sus opresores, y para ellos no había consolador (Eclesiastés 4:1).

Y, sin embargo, la respuesta de la Biblia a esta pregunta sumamente emotiva sigue siendo «sí, el Dios amoroso, que es bueno hasta la médula, tiene el control». Tal vez no lo parezca, como no le pareció a José cuando sufría en esclavitud, o a los actores de Ester en medio del drama, o a los discípulos cuando vieron que azotaban y torturaban a Jesús; pero Dios usa todo para sus buenos propósitos, incluso a los poderes del mal.

¿Tiene Dios el control de las religiones o creencias erradas?

Cuando nos dejamos formar y llevar por algo que está lejos de la pura verdad y bondad, todo nuestro egoísmo natural se intensifica y los resultados pueden ser realmente horribles.

Por ejemplo, el fanatismo de cualquier tipo es malo, pero hay algo especialmente desagradable en el fanatismo religioso. La religión puede exagerar toda clase de malas características personales en los seres humanos, y muchas veces lo hace. No obstante, incluso aquí, Dios tiene el control y logra sus buenos propósitos a través del mal. Se dice que, precisamente en respuesta al fundamentalismo y la violencia islámicos, más hombres y mujeres del mundo islámico se están convirtiendo en seguidores del Príncipe de paz, que en cualquier otro momento de la historia de la humanidad.

Alguien describió al ayatolá Jomeini, el líder de la revolución islámica fundamentalista de Irán, paradójicamente, como uno de los grandes evangelistas de la iglesia cristiana. ¡Y, sin embargo, es obvio que no tenía la intención de serlo!

¿Tiene Dios el control de los desastres naturales?

Está muy bien, dicen algunos, sugerir que Dios puede usar intenciones humanas perversas para bien. Sin embargo, ¿qué pasa con las inundaciones, las sequías, las muertes por erupciones volcánicas, los terremotos, los maremotos y los huracanes? No nos queda más que culpar a Dios por estas cosas... si es que existe Dios.

Debemos hacer dos observaciones. Primero, la distinción entre un desastre «natural» y otro «causado por el ser humano» es simplista. ¿Qué hace que un suceso «natural» se convierta en un desastre? La desconcertante respuesta es que no son los «sucesos naturales» o la «casualidad», sino la injusticia y la locura humana.

Un científico experimentado, que ha estudiado este tema, concluye cuidadosamente que «las muertes causadas por los desastres "naturales" a menudo se pueden atribuir casi en su totalidad a las acciones humanas, lo que convierte un proceso natural en un desastre. En ese sentido, no hay nada "natural" en ellos».

Entonces, por ejemplo, un terremoto o un maremoto es, principalmente, un desastre; porque las personas deciden o se ven obligadas a vivir en esa zona y en viviendas que no son aptas. Los «que murieron en Sri Lanka en el tsunami del 4 de diciembre del año pasado vivían cerca de la orilla del mar en áreas que las autoridades calificaron como no aptas para la vivienda; no deberían haber estado viviendo allí, pero no tenían otro lugar adonde ir».[1]

Lo mismo sucede con la mayoría de las hambrunas. El número preocupante de muertes es casi siempre el resultado de la corrupción o la incompetencia de los gobiernos para prevenir o resolver el problema.

1. Ver Robert S. White, *Who is to blame? Disasters, Nature, and Acts of God* (Oxford: Monarch, 2014), pp. 19-20.

A veces hablamos con demasiada indiferencia sobre los «desastres naturales» como si fueran sucesos sobre los cuales los seres humanos no tuvieran absolutamente ningún control. Esto casi siempre es incorrecto. Nuestro enfoque principal debe estar en la necesidad de justicia y un buen gobierno —ambas cosas para las cuales la Biblia nos urge a trabajar y que nuestro buen Dios desea— en lugar de despotricar *contra* Dios.

La segunda observación es que debemos admitir al menos la posibilidad de una dimensión sobrenatural y espiritual para los sucesos en la tierra. Cuando el apóstol Pablo habla de la creación que gime como con dolores de parto, parece estar hablando de algo que está por encima y más allá de lo meramente humano o natural. Las complejas y a veces desconocidas conexiones que mantienen en orden nuestro cosmos se han alterado con cierta gravedad; y, sin embargo, todo bajo la dirección general del Dios Creador.

Estas observaciones, de alguna manera, nos permiten obtener una comprensión más completa de cómo la Biblia aborda esta cuestión central del sufrimiento, el mal y el poder soberano de Dios. Sin embargo, tal vez tengas preguntas más profundas sobre *cómo podemos creer en Dios* en vista de tanto sufrimiento en el mundo. A estas preguntas nos dedicaremos a continuación...

Capítulo 4

Dios el Padre

Hasta ahora hemos visto cómo las enseñanzas de la Biblia difieren con tres de los modelos que vimos en la introducción. Dios no es, ni siquiera en parte, igual que el universo (Modelo 3: **panteísmo**), dado que el universo depende por completo de Dios; Dios es diferente y está por encima del universo. Sin embargo, no es un Dios distante (Modelo 4: **deísmo**), dado que participa activamente en el gobierno del universo; es inmanente. Además, su gobierno funciona a un nivel superior que el de nosotros en todos los sentidos; sus decisiones no comprometen la realidad de nuestras decisiones, nuestra responsabilidad por las decisiones que tomamos y el hecho de que nuestras decisiones ejerzan influencia en el mundo; por lo tanto, Dios no es **un titiritero** que solo maneja las cuerdas (Modelo 6).

Vayamos ahora a los primeros dos modelos que las personas adoptan para explicar nuestro mundo: **el destino ciego** (Modelo 1); y la creencia de que **no**

hay Dios en absoluto (Modelo 2). Dado que, según la Biblia, Dios es invisible, ¿cómo sabemos (a) que Él existe, y (b) incluso si existe, que Dios no es una especie de destino ciego e impersonal? Está muy bien sugerir que detrás de las cadenas visibles de causa y efecto, podría estar la mano invisible del Dios invisible. Sin embargo, ¿qué impide que esto no sea pura fantasía? ¿Y cómo podemos saberlo? Es una buena pregunta.

1. ¿Cómo sabemos que Dios existe?

Es un gran problema que no podamos ver a Dios. Algunos «deducen» que no existe ningún dios; otros especulan acerca de quién es o qué dios (o dioses o diosas) podría ser. Sin embargo, nadie sabe. Los ateos dicen que es absurdo; los religiosos lo proclaman a gran voz. Sin embargo, nadie sabe. Los argumentos filosóficos pueden ayudar un poco; por ejemplo, la naturaleza es muy maravillosa y compleja. Puedes «deducir» y sacar todo tipo de conclusiones con este tipo de razonamiento. Ninguno de ellos prueba que el Dios de la Biblia es verdadero y real.

Cuando los escritores del Nuevo Testamento plantean esta pregunta, dan una excelente respuesta: ¡Jesús!

El apóstol Juan se enfrenta al problema de la invisibilidad de Dios, pero luego señala directamente a Jesús.

> A Dios nadie le vio jamás; el unigénito Hijo, que está en el seno del Padre, él le ha dado a conocer (Juan 1:18).

Los apóstoles se asombraron de haber «oído... visto... contemplado... [palpado]» al que estaba «en el seno del Padre» desde el principio (1 Juan 1:1-3). Dios el Padre *es* invisible, pero Dios el Hijo *se hizo completamente humano,* ¡aunque no dejó de ser divino!, para que en Él pudiéramos ver la bondad y el poder del Dios que controla el universo.

Todo aquel que quiera investigar la afirmación de la Biblia de que hay un Dios bueno, que tiene el control, debe prestar mucha atención a la evidencia de Jesús en el Nuevo Testamento. Los Evangelios y las cartas del Nuevo Testamento fueron escritos por apóstoles (testigos presenciales) o por aquellos que pertenecían al círculo de los apóstoles, quienes registraron de manera confiable sus enseñanzas.

2. Si Jesús es verdadero, ¿quién es el Dios que controla el universo?

Jesús enseña que el que tiene el control del universo es el Padre celestial para todos los que creen en Él. Ante la maravilla de la naturaleza, los hombres y las mujeres pueden tener un vago sentido religioso de que existe algún tipo de ser supremo, como leemos en Romanos 1:20; pero cuando empiezan a escuchar y seguir a Jesús, descubren a Dios como el Padre celestial. No hay verdad más maravillosa que pueda descubrir el ser humano.

Jesús enseñó que Aquel que alimenta a las aves, sin cuyo cuidado ni siquiera un gorrión puede caer al suelo, es nuestro «Padre celestial». La «providencia» viene de la idea de que Dios, nuestro Padre celestial, suple todo lo que necesitamos. Proviene de Génesis 22, donde leemos que «Dios se proveerá» del animal para sustituir a Isaac, el hijo de Abraham. Abraham llamó a ese lugar: «Jehová proveerá» (Génesis 22:8, 14). Pablo promete a los cristianos filipenses piadosos que creen en Dios, que Él «suplirá todo lo que [les] falta conforme a sus riquezas en gloria en Cristo Jesús» (Filipenses 4:19).

En una famosa canción de jazz antigua, Ella Fitzgerald solía expresar su anhelo cantando: «Alguien que cuide de mí». Ella se refería a un hombre en el contexto del romance. Sin embargo, cuánto mejor es que el Dios soberano, lleno de puro amor paternal, cuide de ti y de mí. Cinco veces, el salmista de Salmos 121 asegura que el Dios del pacto es su «guardador» y el de todo su pueblo. No se duerme cuando cuida de ti (vv. 3, 4), es tu guardador (v. 5), guarda tu alma (v. 7), guarda tu salida y tu entrada desde ahora y para siempre (v. 8).

El catecismo es un método de preguntas y respuestas para enseñar a los cristianos la verdad bíblica. Uno de los preferidos es el catecismo de Heidelberg, escrito en la segunda mitad del siglo XVI. La pregunta 26 plantea: «¿Qué crees cuando dices: "Creo en Dios, el Padre todopoderoso, creador del cielo y la tierra"?». A lo que la respuesta comienza por decir:

Creo en el Padre de nuestro Señor Jesucristo, quien de la nada creó el cielo y la tierra, con todo lo que en ellos hay, que sustenta y gobierna todo por su eterno consejo y providencia, es mi Dios y mi Padre por amor de su Hijo Jesucristo.

Comprender y aceptar esta verdad transformará nuestra manera de responder al hecho de que Dios controla el mundo.

¿Cuál es la diferencia entre la postura de la Biblia y el destino ciego?

El destino ciego es impersonal. Cuando decimos cosas como: «la vida la ha tratado mal», «no debería ser así», «es lo que es», «así es; tenía que pasar» o «a veces las cosas son así», quizá sin pensarlo, estamos hablando como si fuéramos fatalistas. Estamos dando a entender que nuestra vida está gobernada por un destino impersonal, dominante e incambiable, y que no hay nada que podamos hacer al respecto. El filósofo Nietzsche dijo una vez sobre el destino: «¿Ya no puedes soportar más tu imperioso destino? *Ámalo*; no hay otra opción». ¡Sin embargo, el amor es lo único que no tiene nada que ver con el destino ciego!

En algunas notas de su quinta sinfonía, Tchaikovsky, el atribulado y afligido compositor, comienza el sombrío tema escribiendo sobre la «total resignación frente al destino o, lo que es lo mismo, al inescrutable designio de la providencia». ¡Qué equivocado estaba! No, el inescrutable designio de la providencia es muy diferente y mucho más maravilloso que el destino.

¿Cómo influye en nosotros que Dios tenga el control? Una pausa para responder

Solo bajo la suposición de que todo esto sea cierto: que un Dios bueno y todopoderoso, que es nuestro Padre por amor de Jesús, gobierna y dirige todo el universo. Estés o no persuadido de esto, ten paciencia mientras nos detenemos a pensar de qué manera influye en nosotros.

1. Nos sentiremos reconfortados cuando aceptemos el pasado

Puede que digas: «Desearía no ser la persona que soy». «¿Por qué tengo que padecer de anorexia o una timidez paralizante o un temperamento terrible?». «Ojalá tuviera otros padres, una mejor educación, hubiera evitado esas influencias que tanto daño me hicieron. Desearía no tener la discapacidad física o mental que tanto me afecta». Me maravilla pensar que estuvo la mano soberana de Dios sobre cada momento, cada detalle y cada influencia que me ha hecho la persona que soy.

Desde el momento en que empezó a formarme en el vientre de mi madre (Salmos 139:13), ha sido el amoroso Padre celestial, que me ha diseñado física, temperamental, psicológicamente y en todos los sentidos para que fuera la persona que soy. No soy quien debería ser, ni quién seré algún día, porque Dios está decidido a transformarme y hacerme más semejante a Jesús (como veremos en los capítulos siguientes); y, sin embargo, con todas mis luchas, la persona que soy ahora es la que un amoroso Padre celestial ha diseñado para este momento. Puedo confiar en Él.

Me atrevo a decir, y algunos lo dirán con lágrimas, que aun cuando hayamos heredado dolorosas discapacidades genéticas, podemos confiar en que nuestro Padre celestial nos ha diseñado tal como somos y ha hecho lo mismo con un ser querido.

A menudo, cuando ha sucedido algo terrible, pensamos: «¿Qué hubiera pasado si...?» u «Ojalá...», «Ojalá no hubiera hecho ese viaje», «Ojalá no se hubiera resbalado y caído tan trágicamente», «Ojalá no se hubiera casado con ese hombre tan particular». Es natural pensar así, pero no ayuda. No hay «ojalá» con Dios, nuestro Padre celestial; y hacemos bien en desechar estos pensamientos por ser infructuosos e innecesarios.

2. No caeremos en la falacia del «Dios de los huecos»

Cuando pensamos que a veces las cosas transcurren de manera normal, y otras veces Dios actúa, el Dios en el que creemos se convierte en un Dios que llena los huecos de nuestro entendimiento. Cuanto más comprendemos, más pequeño se vuelve Dios. Él no es más que la explicación de pedacitos del universo, o historia, que no podemos entender en términos de causas detectables, identificables o explicables. Sin embargo, Dios interviene tanto en los hechos más pequeños y comunes (un dolor de cabeza que se alivia con ibuprofeno, el cansancio que mejora con una noche de sueño) como en los más extraordinarios.

Cuando queremos que Dios «intervenga», debemos recordar que Él *siempre está obrando*. Lo que realmente pensamos que queremos es que actúe de una manera particular, que parezca «milagrosa». Sin embargo, de hecho y por ejemplo, la lenta sanidad de una lesión a través del tiempo y los «procesos normales» de regeneración tisular es una obra de Dios para agradecer, así como lo es cualquier sanidad instantánea.

3. Nos humillaremos profundamente bajo la poderosa mano de Dios

«Si Dios quiere» es una expresión que puede decirse a la ligera; pero es un requisito importante para todo lo que hacemos. Cuando Pablo zarpó de Éfeso en uno de sus viajes, prometió: «Volveré a vosotros, si Dios quiere» (Hechos 18:21). A los cristianos de Roma les escribió: «[Oren]... para que con gozo llegue a vosotros por la voluntad de Dios» (Romanos 15:30-32).

En su fuerte carta del Nuevo Testamento, Santiago reprende a los que hacen planes seguros de sí mismos.

> ¡Vamos ahora! los que decís: Hoy y mañana iremos a tal ciudad, y estaremos allá un año, y traficaremos, y ganaremos; cuando no sabéis lo que será mañana. Porque ¿qué es vuestra vida? Ciertamente es neblina que se aparece por un poco de tiempo, y luego se desvanece. En lugar de lo cual deberíais decir: Si el Señor quiere, viviremos y haremos esto o aquello. Pero ahora

> os jactáis en vuestras soberbias. Toda jactancia semejante es mala (Santiago 4:13-16).

Todo lo que esperamos hacer, lo haremos solo si es la voluntad de Dios. Y no debemos jactarnos de tener una línea directa que nos permite conocer en detalle la voluntad de Dios para nuestra vida. ¡Un famoso puritano dijo que la providencia de Dios es como una palabra hebrea, que solo puede leerse al revés! Y no solo al revés, sino también con certeza al final de los tiempos.

¿Qué sucede si no puedo conseguir un asiento en un vuelo que luego sufre un accidente aéreo? Dios me ha salvado; de eso puedo estar seguro. Ahora bien, ¿por qué? ¿Por qué me salvó a mí y no a los que murieron trágicamente en ese avión? Eso no lo puedo saber, y es mejor no especular.

Queremos saber lo que Dios está haciendo, en detalle, ¿cuál es su plan para nuestra vida? No obstante, no podemos saberlo. Cuando sucede algo, lógicamente, nos preguntamos qué está haciendo Dios; si bien es una pregunta correcta, no podemos saber la respuesta con certeza, no en detalle. Sabemos que nos está haciendo más semejantes a Jesús, porque ha prometido que lo haría (Romanos 8:29), pero no sabemos exactamente cómo lo hará.

4. Recibiremos consuelo en la tristeza

Puede parecer más fácil creer que Dios está haciendo todo lo posible; que Dios está dentro del tiempo trabajando duro para que todo redunde para bien; que Dios está luchando contra los poderes del mal y las tinieblas que son seres independientes. Y, sin embargo, es trágico. En el momento en que pensamos que podría haber poderes del mal con una existencia y función independientes de Dios, el universo se convierte en un lugar por demás aterrador. ¿Qué respuesta podemos dar cuando nos preguntan por qué sucedió algo terrible? «Lamento que tu hijo haya muerto. Dios hizo todo lo que pudo, pero perdió esta batalla». ¿Qué clase de consuelo es este?

Por extraño que parezca, es sumamente reconfortante poder creer que todo lo que nos sucede, incluso la peor de las contingencias, proviene de la mano amorosa de nuestro Padre celestial. Cité antes la primera parte de la respuesta 26 del catecismo de Heidelberg. La respuesta continúa:

> *En él confío de tal manera que no dudo de que me proveerá de todo lo necesario para mi alma y mi cuerpo. Y aún más, creo que todos los males que puedo sufrir por su voluntad, en este valle de lágrimas, los convertirá en bien para mi salvación. Puede hacerlo como Dios todopoderoso, y quiere hacerlo como Padre benigno y fiel.*

Las implicaciones de confiar en el dedicado control de un Dios todopoderoso se resuelven en las siguientes dos preguntas. A continuación, la pregunta y la respuesta 27:

Pregunta: *¿Qué es la providencia de Dios?*
Respuesta: *Es el poder de Dios omnipotente y presente en todo lugar, mediante el cual sustenta y gobierna el cielo, la tierra y todas las criaturas, de tal manera que todo lo que la tierra produce, la lluvia y la sequía, la fertilidad y la esterilidad, la comida y la bebida, la salud y la enfermedad, las riquezas y la pobreza; en realidad, nada acontece sin razón alguna como por azar, sino por su consejo y voluntad paternal.*

El sufrimiento y la tristeza duelen. Nada de lo que podamos decir o hacer nos quitará el dolor. Sin embargo, en medio del dolor tenemos un gran consuelo al confiar en que nada, nada en absoluto, puede sucedernos, salvo que provenga de la mano amorosa de nuestro Padre celestial.

5. Tendremos esperanza para el futuro

El catecismo de Heidelberg nos sigue ayudando a ver las implicaciones prácticas para nosotros.

Pregunta: *¿Qué utilidad tiene para nosotros este conocimiento de la creación y providencia divina?*
Respuesta: *Que en toda adversidad tengamos paciencia, y en la prosperidad seamos agradecidos y tengamos puesta en el futuro toda nuestra esperanza en Dios nuestro Padre fidelísimo, con la certeza de que no hay nada que nos*

pueda apartar de su amor, pues todas las criaturas están sujetas a su poder de tal manera que no pueden hacer nada sin su voluntad.

En los Salmos leemos sobre aquellos que confían en Dios:

> No tendrá temor de malas noticias; su corazón está firme, confiado en Jehová. Asegurado está su corazón; no temerá, hasta que vea en sus enemigos su deseo (Salmos 112:7-8).

Esto no significa que nunca *recibirán* malas noticias, porque es obvio que sí; sino que no *tendrán temor* de malas noticias, aunque las reciban. La razón es que confían en su Padre celestial «hasta que» todo vuelva a estar bien. No debemos tener temor de malas noticias, porque sabemos que están bajo el amoroso control de nuestro Padre celestial.

Esta verdad nos da paz en las decisiones. Elimina la angustia de las decisiones, que destruye el gozo de algunos cristianos. Buscaremos un corazón sabio, escucharemos sabios consejos, oraremos por motivaciones puras y luego tomaremos decisiones sin ansiedad, con la confianza de que Dios, en su bondad soberana, nos llevará *a donde* Él quiere, *como* quiere, *con quien* quiere. Estaremos dispuestos a correr riesgos (según nuestra percepción), porque sabemos que no existe el riesgo para nuestro Padre.

Nuestra cultura se está volviendo sumamente reacia al riesgo. Una de las características de nuestros días es el temor al compromiso. Las personas tienen miedo de casarse porque no saben cómo va a funcionar. Algunos temen firmar un contrato por si acaso sale mal. Incluso es común no estar dispuesto a dar una respuesta definitiva a una invitación social por si surge algo mejor.

La obsesión por el riesgo ha llegado a ser un «concepto de organización» importante en las sociedades occidentales. Hacemos evaluaciones de riesgos antes de participar en actividades; dedicamos mucho empeño en minimizar los riesgos para la salud o el ahorro, y así sucesivamente. El sociólogo alemán Ulrich Beck afirma: «El riesgo aparece en el escenario mundial cuando Dios se retira». Cuando dejamos de creer en la providencia de Dios Padre, el mundo se convierte en un lugar aterrador.

El miedo al futuro es una enfermedad que entumece y paraliza. La debida confianza de que mi amoroso Padre celestial gobierna el mundo, en todos sus detalles, me hace libre para enfrentar el futuro sin temor. Puedo correr riesgos —¡siempre y cuando no sea una locura!—, precisamente, porque Dios no corre ningún riesgo. Esto no es una autoconfianza arrogante, sino más bien, una confianza humilde y segura de que Aquel que tiene el futuro en sus manos ha prometido serme fiel en Cristo.

Hay otra pregunta relevante a este tema.

¿Tiene Dios el control del momento, el lugar y las circunstancias de mi muerte?

A medida que mis padres envejecían, mi esposa, Carolyn, y yo a menudo orábamos con ellos las palabras de Salmos 31, las cuales se cumplieron soberanamente en el Señor Jesús:

> «En tu mano encomiendo mi espíritu» (Salmos 31:5).

Con la seguridad de que:

> «En tu mano están mis tiempos» (Salmos 31:15).

Cuando murió mi padre, nos aferramos a la seguridad de que sus tiempos estaban realmente en las manos de Dios, incluso el momento, el lugar y las circunstancias exactas de su muerte. Todos los que confiamos en Dios podemos compartir esta confianza al enfrentar lo que, para nosotros, puede ser un futuro aterrador e incierto.

¿Cómo puedo usar la verdad de la soberanía de Dios para consolar a alguien que está sufriendo?

El sufrimiento adormece los sentidos y hace que sea muy difícil prestar atención. Nunca olvides esto cuando estés con alguien que sufre. De alguna manera, el mejor momento para permitir que la verdad de la soberanía de Dios llegue a nuestro corazón es *antes* de estar en las profundidades del sufrimiento. Sin embargo, eso no es de ayuda cuando alguien al que amas está afligido o angustiado. De modo que siéntate con ellos, llora con ellos (Romanos 12:15), escucha su llanto y sus penas sin interrumpirlos constantemente. Ofréceles ayuda práctica, ya que es posible que no puedan hacerse cargo de asuntos simples como la comida, la limpieza, el vestirse y los quehaceres de la vida diaria.

No les digas frases superficiales ni los reprendas por llorar («¡Vamos, no llores, recuerda que Dios tiene el control!»). Cuida de ellos. Vela por ellos.

Ora con ellos, porque difícilmente podrán orar. No niegues ni minimices el horror de lo que pueden estar viviendo, sino que expresa en palabras la paz de confiar en su Padre celestial en medio de la adversidad. Recuérdales con mucho cuidado algunas de las preciosas verdades de este libro. Escribe algunas maravillosas promesas en una tarjeta, para que puedan volver a leerlas por la noche. Tal vez, en especial, humíllate junto a ellos bajo la poderosa mano de Dios, con la confianza de que Él es el único sabio Dios, que realmente hace que todas las cosas redunden para el bien de los que lo aman (Romanos 8:28). Si puedes, háblales de la futura esperanza que anhelamos, para que puedan quitar sus ojos de la adversidad y la desdicha de este mundo y ponerlos en el beneficio y la maravilla de la era venidera. Sobre todo, llévalos a la cruz de Cristo, donde soportó nuestro dolor y sufrimiento en su propio corazón y en su propio cuerpo.

Y no los abandones. Si quieres ser un verdadero amigo de Jesús para ellos, no podrás «aliviar» su dolor en una sola visita. Sé un amigo fiel, un consolador paciente, un compañero práctico, por el tiempo que sea necesario.

Capítulo 5

El Dios vencedor

Hasta aquí hemos visto que la Biblia enseña que, en el presente, Dios tiene el control total del universo. Lo cual nos lleva a una objeción. Cuando estaba predicando sobre este tema en una reunión de fin de semana de la iglesia, alguien preguntó: «Si Dios tiene el control total del mal, ¿qué lógica tiene decir que Dios "vence" el mal?».

Es una buena pregunta.

Después de todo, en la Biblia se usan varias alusiones a Dios como el guerrero, el campeón que lucha poderosamente contra el mal. La Biblia habla de lo que parece ser una lucha de vida o muerte entre Dios y el mal.

Ahora bien, ¿por qué tiene que luchar si ya tiene el control?

¿Por qué tiene Dios que luchar contra el mal si ya tiene el control?

Volvamos a la oración del Padrenuestro: «Venga tu reino. Hágase tu voluntad, como en el cielo, así también en la tierra». Hemos visto cómo se hace la voluntad de Dios en la tierra aquí y ahora, y que ninguna parte de la creación está exenta del control total de Dios. Entonces la pregunta es: ¿A qué se refiere Jesús cuando dice «como en el cielo»? ¿De qué manera la voluntad de Dios se hace diferente en el cielo (el «espacio» donde mora Dios y desde el cual gobierna) que aquí y ahora en la tierra?

En el capítulo 4, vimos dos maneras de hacer la voluntad de Dios: en obediencia voluntaria o sumisión involuntaria. En uno de los salmos, Dios dice:

> Te haré entender, y te enseñaré el camino en
> que debes andar;
> Sobre ti fijaré mis ojos.
> No seáis como el caballo, o como el mulo, sin
> entendimiento,
> Que han de ser sujetados con cabestro y con
> freno,
> Porque si no, no se acercan a ti (Salmos 32:8-9).

Hay dos maneras de hacer la voluntad de Dios: la de la «mula obstinada» y la de «amar y ser amado».

Veremos ahora la de «amar y ser amado». Esteban sonreía mientras me contaba su historia:

> *Hace apenas unos años estaba en prisión por delitos relacionados con las drogas, cuando me sobrevino una incierta desesperación. Dentro de unos meses recuperaría mi libertad. Sabía*

que volvería a las drogas y el delito. Sabía que en unos meses más era probable que estuviera muerto. Y ahora estoy aquí libre de drogas, casado y con hijos, trabajando en prisiones para llevar el evangelio de Jesús a personas como yo.

Esteban habría hecho la voluntad de Dios —en cierto sentido— si hubiera continuado con su vida de drogas y delitos; nunca podría haber logrado la independencia de Dios. Sin embargo, ahora hace la voluntad de Dios con gozo, con un corazón feliz de obedecer. Eso es muy distinto. Es un anticipo de la voluntad de Dios hecha en la tierra *como en el cielo.*

Esto nos lleva al punto central de lo que significa ser humano: para nuestra extraordinaria dignidad y, al mismo tiempo, nuestra desesperante depravación. Cuando leemos la Biblia atentamente, vemos que la voluntad de Dios se expresa de dos maneras distintas. Por un lado, la voluntad de Dios es *exactamente lo que sucede.* Este ha sido nuestro tema en los capítulos 1 al 4. Lo que Dios dice, sucede. A veces los teólogos se refieren a este hecho como la «voluntad decretiva» de Dios (lo que Él decreta sucede). Por ejemplo, Él decreta que los hermanos de José lo venderán como esclavo; *y se cumple.* Él decreta que personas malvadas intentarán condenar injustamente al inocente Jesús de Nazaret a morir en la cruz; *y se cumple.*

No obstante, por otro lado, está muy claro que lo que trae gozo y deleite a Dios no es la maldad sino la bondad. Dios no se complace con el odio, el asesinato y la mentira. Si bien Dios *decreta* todo tipo de cosas, incluidas las malas, no es el *autor* del mal, y Dios mismo es puro y santo (p. ej., Habacuc 1:13). Él controla y dirige el mal, pero no desea ni se deleita en ello.

Pablo exhorta a los cristianos a ser «entendidos de cuál sea la voluntad del Señor», con lo cual se refiere a virtudes como la gratitud, la justicia y la pureza sexual (Efesios 5:17). El profeta Ezequiel dice que Dios no está contento cuando los malvados reciben su castigo y mueren, sino que se deleita cuando se apartan de su maldad y viven (Ezequiel 18:23). Dios no quiere que un hombre o una mujer perezcan en sus pecados, sino que se arrepientan y sean perdonados (2 Pedro 3:9). Hay gozo en el cielo cuando un pecador se arrepiente, como cuando el hijo pródigo llega a la casa de su padre (Lucas 15). Los teólogos suelen llamar a esta la «voluntad preceptiva» de Dios (lo que está en línea con sus preceptos, sus leyes; lo que Él dice es bueno).

Un versículo de un conmovedor poema del Antiguo Testamento resalta esta tensión. Después que los babilonios saquearon Jerusalén, Jeremías escribió los poemas que componen el libro de Lamentaciones, entre los que se incluye el siguiente:

> Antes si aflige [*decreta la llegada de cosas desagradables*], también se compadece según la multitud de sus misericordias; porque no aflige ni entristece voluntariamente a los hijos de los hombres (Lamentaciones 3:32-33).

Sí, aflige; sin embargo, de alguna manera tal calamidad no representa su máxima y definitiva voluntad.

Esto no significa que haya dos voluntades contradictorias en Dios, como si tuviera una especie de doble personalidad (como *Jekyll y Hyde* o *El increíble Hulk*), a veces inclinada hacia cosas malvadas y otras veces hacia cosas buenas. No, sino que Dios a veces decreta cosas que no le agradan, con el propósito de lograr un objetivo final que le traiga deleite y redunde para bien. A menor escala, lo sabemos por propia experiencia, cuando, por ejemplo, nos forzamos a correr bajo condiciones de aguanieve y frío para lograr la condición física y la salud que realmente deseamos. A mayor escala, Dios decide decretar incluso que sucedan cosas perversas, porque, de alguna manera incomprensible para nosotros, esas cosas son necesarias para lograr un bien mayor. Veremos esto otra vez en el capítulo 7.

Así que volvamos a lo básico y preguntemos qué complace a Dios.

¿Cuál es el plan final de Dios para el universo?

¡La respuesta de la Biblia es que Dios ha creado a los seres humanos para que podamos gobernar el universo! Nos ha hecho muy especiales; somos muy importantes para el mundo. David canta maravillado: «¿Qué es el hombre...?». Y responde: «Le hiciste señorear sobre las obras de tus manos; todo lo pusiste debajo de sus pies» (Salmos 8:4, 6).

Podemos plantear la pregunta al revés y decir: ¿Por

qué el mundo está tan corrompido? A lo que la respuesta de la Biblia es: ¡Porque el ser humano lo ha corrompido!

Lo que Dios más desea es que haya una raza de hombres y mujeres que lo obedezcan de manera voluntaria y de corazón. Sí, Él puede dominar sobre nuestros malos deseos para que sirvan a sus propósitos finales. Sin embargo, lo que complace a Dios es la obediencia gozosa del corazón de hombres y mujeres que lo aman y reconocen en su bondad nuestra única esperanza de bendición. Según la historia bíblica, todo lo que Dios hace es con el fin de lograr este importante objetivo. Y podemos seguir la trama de esta historia a lo largo de la Biblia.

Primero, prometió en todo el Antiguo Testamento que algún día vendría un hombre, un rey, que sería el Hijo de Dios, y amaría y obedecería a Dios, y gobernaría el mundo de Dios en justicia y paz. Él mismo dijo, en palabras de Salmos 40: «He aquí, vengo… El hacer tu voluntad, Dios mío, me ha agradado, y tu ley está en medio de mi corazón» (Salmos 40:7-8).

Segundo, estas promesas se cumplieron cuando Dios envió a su único Hijo a asumir una total humanidad, a ser al mismo tiempo —una maravilla y prodigio— plenamente Dios y plenamente hombre. Al fin, Jesús pronuncia las palabras de Salmos 40 (Hebreos 10:5-7). En el ministerio público de Jesús, la victoria de Dios sobre el mal se manifestó, por así decirlo, cuando sanaba a los enfermos, echaba fuera demonios, daba vista a los ciegos, calmaba la tormenta del mar, resucitaba a los muertos. «Mas si por el dedo de Dios echo yo fuera los demonios —dijo—, ciertamente el reino de Dios ha llegado a vosotros» (Lucas 11:20). Todo esto era un anuncio público de la máxima restauración de un mundo corrompido.

Tercero, cuando Jesús murió, logró la gran victoria que hace libre el corazón del ser humano. El éxodo en el Antiguo Testamento fue una redención que liberó al pueblo de la esclavitud en el Egipto de los faraones. Sin embargo, simboliza una redención superior de una peor esclavitud. Hombres y mujeres son esclavos del pecado. Eso significa que, por más que lo intentemos, no podemos evitar querer ser el centro del universo. Solo porque Jesús murió en nuestro lugar para pagar nuestro castigo, puede hacernos verdaderamente libres de la esclavitud del pecado (Juan 8:34-36).

Cuando Jesús murió, el inocente en lugar de los culpables, la Biblia dice que Dios «[despojó] a los principados y a las potestades» del mal (Colosenses 2:15). Sustrajo el arma de destrucción masiva del mal, que es la culpa y la esclavitud del corazón humano egocéntrico. Con la muerte de Jesús, arrebató el poder de las fuerzas espirituales del mal «al que tenía el imperio de la muerte, esto es, al diablo, y [libró] a todos los que por el temor de la muerte estaban durante toda la vida sujetos a servidumbre» (Hebreos 2:14-15).

Luego, cuando Jesús resucitó de entre los muertos, el primer Domingo de Resurrección, su victoria se anunció públicamente al universo. Desde entonces, cuando se predica el mensaje de Jesús y los hombres y mujeres comienzan a seguirlo, la victoria de Dios se propaga de uno a otro. El Espíritu de Dios invade el corazón humano que por naturaleza quiere ponerse primero, de modo que ahora hay una batalla en su interior. Oh, sí, todavía existe la antigua naturaleza, que quiere poner primero al yo; pero un poderoso invasor ha obtenido acceso: el Espíritu de Dios, que pone en el corazón de los seguidores de Cristo el deseo de empezar a hacer lo que verdaderamente agrada a Dios.

Este cambio en el corazón humano es realmente el pináculo del control soberano de Dios. Es maravilloso que Dios gobierne el universo por su providencia; es aún más maravilloso cuando el corazón humano empieza a ser conquistado y desea seguir el camino de Dios gozosa y voluntariamente. Entonces, en una persona y en otra se empieza a hacer la voluntad de Dios en la tierra como en el cielo.

¿Cómo deberíamos responder al Dios vencedor?

En primer lugar, debemos buscar primero, sobre todas las cosas, el reino de Dios, que significa este gobierno de Dios en el corazón y la vida de los seres humanos. Jesús exhortó a sus discípulos a «buscar primero» a Dios, el reino de nuestro Padre y su justicia (su manera correcta de vivir). La propagación de este gobierno de un corazón humano a otro —tanto en número (cada vez más personas) como en profundidad (una obediencia cada vez más completa)—, debe ser nuestra mayor prioridad en la vida.

Segundo, debemos orar por esto, como Jesús nos enseñó en el Padrenuestro. En el último día de la historia humana, la Biblia enseña que Jesús regresará en gloria para llevar a cabo la consumación del reino de Dios y dar lugar a un cosmos renovado, lo que la Biblia llama un nuevo cielo y una nueva tierra (es decir, una renovación de *todas las cosas*), en la cual predominará la obediencia gozosa en el corazón del ser humano y ya no habrá obediencia reacia o involuntaria.

Tercero, si somos cristianos, deberíamos estar alegres de formar parte de los propósitos de Dios y expresar nuestro agradecimiento, nuestra alabanza y gratitud a Dios en cada circunstancia, con la certeza de que tenemos un futuro seguro y glorioso.

No obstante, si el «proyecto» de Dios es dar origen a una raza de seres humanos que gozosa y voluntariamente hagan lo correcto de corazón, esto podría plantear otra objeción: ¿Por qué tarda tanto?

Si Dios tiene el control, ¿por qué debemos orar?

¡Qué buena pregunta! Si de cualquier manera lo que tenga que suceder va a suceder, ¿qué pueden hacer tus oraciones o las mías? La respuesta es que no va a suceder «de cualquier manera», sino de una manera particular. La Biblia no dice que podemos manipular a Dios cuando pedimos lo que queremos, como si nuestra voluntad forzara la voluntad de Dios. No, sino «que si pedimos alguna cosa conforme a su voluntad [de Dios], él nos oye» (1 Juan 5:14).

Dios ha decidido hacer lo que Él quiere en respuesta a las oraciones de los que seguimos a Cristo cuando pedimos conforme a su voluntad. ¿Por qué hace eso? ¿Por qué no puede hacer lo que Él quiere, de cualquier manera, sin esperar que se lo pidamos? Supongo que podría hacerlo; pero, sorprendentemente, ha decidido gobernar el mundo en unidad con los cristianos. Y lo hace de la siguiente manera.

Primero, ha decidido obrar en respuesta a la oración de Jesús. En la tumba de Lázaro, Jesús declara lo siguiente: «Padre, gracias te doy por haberme oído. Yo sabía que siempre me oyes...» (Juan 11:41-42). ¡Dios el Padre decidió resucitar a Lázaro en respuesta a la oración que Jesús había hecho, y de ninguna otra manera! Si Jesús no hubiera orado para que Lázaro resucitara, el Padre no lo habría resucitado. Dios, por su Espíritu Santo, se movió en el corazón de Jesús, su Hijo, para que hiciera esta oración; y luego Dios le respondió, porque Dios el Padre y Jesús el Hijo caminan en perfecta unidad.

Luego, pone el Espíritu de Jesús en el corazón de los seguidores de Cristo, para que nosotros también empecemos a orar conforme a la voluntad de Dios. Cuando la Biblia nos exhorta a orar «en el nombre de Jesús», quiere decir que debemos orar basados en la muerte de Jesús por nosotros, y conforme al deseo que Jesús ha puesto en nuestro corazón a través de su Espíritu. Por lo tanto, necesitamos que nuestras oraciones se ajusten a la voluntad revelada de Dios en las Escrituras. Cuando le pedimos a Dios que haga lo que Él ha revelado que hará, podemos estar seguros de que estamos orando conforme a su voluntad.

Por supuesto, a veces pedimos otras cosas, entonces no podemos estar seguros de cómo responderá, porque nuestra oración podría no estar de acuerdo con la voluntad de Dios. Nuestras oraciones no cambian la voluntad de Dios ni desafían su autoridad, sino que nos unen en una tierna comunión con Él en el maravilloso gobierno del mundo.

Dios ha decidido obrar en respuesta a las oraciones de su pueblo. Ha decidido que pondrá en nosotros el deseo de orar y que Él responderá a las oraciones que haya puesto en nuestro corazón. Orar no significa evadir inteligentemente la soberanía de Dios y tratar de conseguir algo que no corresponde al control de Dios de tal manera de forzarlo a responder. Significa algo mucho más maravilloso que eso: que Dios se mueve con su Espíritu en tu corazón y el mío para que oremos. Él nos muestra a través de la Biblia qué le agrada; pone en nuestro corazón el deseo de que su voluntad se haga en la tierra como en el cielo; y luego oramos como Él nos ha movido a orar. Entonces hace lo que Él quiere y ha decidido hacer; pero lo más asombroso es que ha decidido hacerlo ***solo cuando oramos por ello.*** De esta manera extraordinaria, Dios nos hace partícipes del gobierno del mundo, ¡para que los anhelos y deseos que Él ha puesto en nuestro corazón hagan realmente que las cosas sucedan! No hay mayor privilegio.

Capítulo 6

El Dios que espera

¿Por qué toma tanto tiempo que la voluntad de Dios se haga en la tierra como en el cielo? Es una pregunta que nos preocupa a muchos, especialmente cuando vemos o experimentamos sufrimiento. ¿Por qué Dios no interviene ahora mismo? ¿Por qué me tiene que pasar esto a mí? Si Dios quiere un mundo perfecto, ¿por qué todavía no lo hace? Las Escrituras no guardan silencio sobre esta inquietante pregunta; la abordan sin rodeos.

La respuesta de la Biblia es excelente y al mismo tiempo aleccionadora: *porque Dios es muy, muy paciente.*

Dios creó el tiempo, que es el instrumento divino para lograr este magnífico proyecto de soberanía, al final del cual se hará la voluntad de Dios en la tierra como en el cielo. Es importante que reflexionemos sobre el papel del tiempo en todo esto. La verdad principal es que toma tiempo desarrollar y revelar lo que hay en el corazón del ser humano. Esto sucede en los individuos como en las sociedades.

En los individuos. En su carta a Timoteo, Pablo le escribe para decirle que no ordene al ministerio a un hombre demasiado rápido, para lo cual expone la siguiente razón: «Los pecados de algunos hombres se hacen patentes antes que ellos vengan a juicio, mas a otros se les descubren después» (1 Timoteo 5:24). Lleva tiempo que las cosas sucedan en el corazón humano.

En las sociedades. En Génesis 15, Dios dice a Abraham que deberán transcurrir aproximadamente cuatro siglos durante los cuales su familia será forastera en la tierra prometida; solo después de esos cuatro siglos podrán entrar en la tierra y la tomarán. La razón de la demora es que «aún no ha llegado a su colmo la maldad del amorreo [representativo de todos los pueblos de la tierra] hasta aquí» (Génesis 15:16). Hay un proceso de maduración en el cual la maldad de estos pueblos debe llegar a un perverso y horrible colmo; solo entonces será el momento adecuado para que Dios lleve a su pueblo a la tierra prometida.

Jesús habló del mundo como un campo donde se han sembrado hierbas malas junto a plantas buenas; debemos esperar hasta que ambas hayan crecido antes que sea la hora de la cosecha (Mateo 13:24-30, 36-43). Al escribir acerca de cómo los judíos y gentiles llegarán a la fe en Cristo, Pablo dice que «la plenitud» de los gentiles aceptará a Cristo y «todo» Israel será salvo (Romanos 11:25-26). En el propósito soberano de Dios hay una «plenitud», y Dios esperará pacientemente hasta que tal plenitud haya llegado a su pueblo.

Más conmovedor, al relatar su propia historia, Pablo explica a Timoteo no solo la verdad general de que «Cristo Jesús vino al mundo para salvar a los pecadores», sino también la verdad particular de que Cristo Jesús vino al mundo para salvar entre los pecadores a él mismo, «de los cuales yo soy el primero». Pablo dice que Jesús hizo eso «para que... mostrase en [él] el primero toda su clemencia» (1 Timoteo 1:15-16). ¡Qué paciencia tuvo que tener Jesucristo con Pablo! A menudo pienso cuán paciente ha sido y debe ser el Señor Jesús conmigo. Él es extraordinariamente paciente. Esta es la razón por la cual Jesús no regresa en juicio antes:

> El Señor *[Jesús]* no retarda su promesa... sino que es paciente para con nosotros, no queriendo que ninguno perezca, sino que todos procedan al arrepentimiento (2 Pedro 3:9).

Hablar de la paciencia de Dios plantea otra pregunta.

¿No está corriendo un riesgo Dios al esperar que las personas decidan seguir a Jesús? ¿Qué pasa si no lo hacen?

No, no corre ningún riesgo. Necesitamos volver a considerar el capítulo 1, donde vimos que los decretos de Dios están por encima de —en un nivel superior— todas nuestras decisiones. El hecho de que Dios decrete algo no invalida la decisión real de los seres humanos, ni nuestra responsabilidad por las decisiones que tomamos. Debemos recordarlo cuando pensamos en la función que tiene el control de Dios en el proceso de conversión y crecimiento de los cristianos.

La Biblia enseña que Dios dirige, en cada etapa, los procesos y cambios. Jesús dice que cuando las personas están genuinamente convencidas de su pecado, de la justicia de Jesús y de la realidad del juicio, es porque el Espíritu Santo ha producido tal convicción en ellos (Juan 16:8-11; 1 Tesalonicenses 1:5). En referencia a algunos malos maestros en Éfeso, Pablo escribe a Timoteo sobre tener esperanza «por si quizá Dios les conceda que se arrepientan» (2 Timoteo 2:25); arrepentirse es decidir volver a los caminos de Dios y, sin embargo, el acto mismo de volver es un regalo de Dios. Cuando alguien empieza a seguir a Jesús, es porque Dios hizo resplandecer su luz en su corazón (2 Corintios 4:6). Seguimos siendo responsables de nuestras decisiones, porque Dios no es el titiritero que maneja las cuerdas. No somos como *Las esposas de Stepford*: ¡robots perfectos y obedientes programados para tener un comportamiento predeterminado! Y, sin embargo, en lo profundo, estos cambios en nosotros son un amable regalo de Dios, y no podemos atribuirnos el mérito de nuestro arrepentimiento, nuestra fe o nuestra perseverancia como cristianos.

La enorme paciencia de Dios es algo maravilloso. Comprender y aceptar este hecho nos motivará a hacer algunos cambios en nuestra vida.

¿Cómo influye en nosotros la paciencia de Dios?

1. Debemos ser pacientes cuando las personas no se convierten a Cristo

Si somos cristianos, tendremos el gran anhelo de que amigos, vecinos y familiares lleguen a la fe en Cristo. No hay nada que anhelemos más que esto, si los amamos. Aprovechamos cada oportunidad para testificarles de las buenas nuevas. Oramos por ellos. A veces sentimos que nos golpeamos la cabeza contra una pared de ladrillo: *¡¿Por qué no pueden ver lo que para nosotros es tan claro?!*

Cuando Jesús comenzó su ministerio de predicación y se presentó como el Mesías de Dios, podríamos pensar que toda la nación de Israel lo aceptaría. ¿Acaso no esperaban al Mesías? ¿No tenían las profecías de las Escrituras? Y, sin embargo, mientras algunos lo recibieron, muchos otros lo rechazaron, en especial, la élite religiosa. De modo que Jesús profetizó que «que vendrán muchos del oriente y del occidente, y se sentarán… en el reino de los cielos» (Mateo 8:11).

En referencia a este texto, el predicador bautista del siglo XIX, Carlos Spurgeon, dijo cuánto amaba los «Yo haré» y «así será» de Dios, porque cuando Dios declara que hará algo, realmente lo hará. El diablo dice: «No vendrán»; las personas dicen: «No vamos a ir». Sin embargo, ¡cuando Dios toca el corazón de alguien, *esa persona vendrá*! Sé paciente, ora, da testimonio de Jesús y confía en que Dios obrará en cada uno cuando lo decida. Algunos de nosotros deberíamos recordar cuánto tiempo tardamos para llegar a tener una fe clara y definida en Jesús; y, sin embargo, Dios finalmente nos trajo al camino de la fe.

2. Debemos ser pacientes cuando los cristianos nos defraudan

Algunos de nosotros estamos profundamente marcados por la forma en que se han comportado algunos que se dicen cristianos. O cuando un amigo cristiano, incluso un esposo o una esposa —quizá un verdadero cristiano— lucha y fracasa en su batalla contra una terrible adicción a las drogas, el alcohol, la pornografía o la ira. *¿Por qué Dios permite que sucedan estas cosas?*

La Biblia nos advierte:

> No confiéis en los príncipes
> [*es decir, en personas poderosas e influyentes*],
> Ni en hijo de hombre, porque no hay en él salvación.
> Pues sale su aliento, y vuelve a la tierra;
> En ese mismo día perecen sus pensamientos.
> Bienaventurado aquel cuyo ayudador es el Dios de Jacob... (Salmos 146:3-5).

Mientras más influyente sea un cristiano, mayor será el peligro de que comencemos a depender de él, en lugar de confiar en Dios. Eso siempre terminará en desilusión porque, como declara este salmo, son seres humanos mortales y, de una forma u otra, de manera repentina o gradual, trágica u honorable, sus planes se frustrarán. Pienso en un querido amigo, un líder de iglesia piadoso e influyente, abatido por la enfermedad en la mitad de su vida; nunca quiso que dependiéramos de él, porque sabía que si lo hacíamos nos desilusionaríamos. Pienso en otro predicador conocido a nivel nacional que perdió trágicamente su ministerio por un escándalo; cuando eso sucedió, un amigo mío de más edad me mencionó, al acordarse de él, las palabras de este salmo: «No confiéis en los príncipes».

Es terrible y desalentador, especialmente cuando un cristiano importante, quizá un pastor o un líder conocido, cae en un pecado escandaloso; cuando un cristiano de muchos años es hipócrita; cuando una iglesia local se divide en medio de animosidades y murmuraciones; o, simplemente, cuando alguien muere. Cuántos de nosotros estamos profundamente marcados porque otro cristiano nos decepcionó; y, lamentablemente, cuántos de nosotros somos culpables de decepcionar a otros de alguna manera.

Necesitamos recordar dos verdades.

Primero, que **no todo aparente cristiano es un verdadero cristiano**. Lamentablemente, es posible parecer y hablar como cristiano sin un corazón en realidad transformado por dentro. A veces, cuando un «cristiano» falla, puede ser que lamentablemente no fuera en verdad un cristiano. Judas Iscariote parecía ser un discípulo, pero no era un verdadero discípulo.

Segundo, también debemos recordar que **la obra del Espíritu en los verdaderos creyentes aún no ha terminado**. Puede ser que el cristiano que falló fuera realmente un verdadero cristiano. Su caída no es el final de la historia. Podríamos ver al final que la gracia de Dios ha triunfado en su vida. Simón Pedro no parecía un seguidor de Jesús cuando lo negó tres veces; y, sin embargo, al final demostró ser un discípulo.

Es sabio no llegar a conclusiones demasiado pronto. Quizá ellos no eran realmente cristianos; o tal vez lo fueron, y finalmente serán restaurados. De cualquier manera, podemos estar seguros de que Dios tiene el control, ya sea que cambie sus decisiones rebeldes para que hagan su voluntad, o que cambie sus corazones para que hagan espontáneamente su voluntad.

Recuerda la enorme paciencia de Jesús, y que es largo el proceso por el cual Dios cambia a un pecador en un hombre o una mujer más semejante a Jesús. Él lo hará, porque lo ha prometido; pero tomará tiempo, y lo más probable es que haya traspiés y caídas en el camino.

3. Debemos ser pacientes cuando la salud mental se deteriora

Es angustiante cuando un cristiano que amamos cae en la demencia, es superado por un terrible trastorno psiquiátrico o sufre un daño cerebral en un accidente. Es como si su personalidad cambiara; sentimos que lo estamos perdiendo. Nos preguntamos si Dios tiene el control. La Biblia promete que Dios, que comenzó la buena obra en ellos —la buena obra del perdón y su cambio de corazón—, al final, «la perfeccionará» (Filipenses 1:6). Debemos recordar que, en última instancia, lo que importa no es cuán fuerte nos aferremos a Dios, sino cuán inquebrantable es su amoroso control sobre nuestra vida. Incluso, cuando todo se pone más oscuro, podemos estar seguros de que al final la luz triunfará. Dios sigue teniendo el control.

4. Debemos ser pacientes con nosotros mismos

Si estamos preocupados por vivir como Dios manda, a veces nos desalentaremos por el poco progreso que hemos logrado. Tal vez como consecuencia de volver a caer en algún pecado reiterativo y de nuestra conciencia que tanto nos duele, podemos gritar: «Hace años que soy cristiano y todavía caigo en el orgullo, el enojo egoísta o la avaricia... ¿No he aprendido nada?». Recuerda la paciencia de Jesús y la promesa de que Dios va a perfeccionar la buena obra que ha comenzado en nosotros. Será de gran alivio.

5. Debemos ser pacientes mientras esperamos la restauración de este mundo corrompido

¿Hasta cuándo, Señor, santo y verdadero?, es el clamor del creyente que sufre las consecuencias de un mundo caído (Apocalipsis 6:10). Es un buen clamor y oportuno. Hay una sensación de que toda plegaria cristiana es la manifestación del anhelo del fin del mundo, del día en que Dios vindicará a sus escogidos,

cuando «Babilonia» (ese símbolo de todo lo que es malo) sea destruida, cuando Jesús regrese en gloria para juzgar al mundo y rescatar a su pueblo.

«Mi alma espera a Jehová —exclama el salmista— más que los centinelas a la mañana, más que los vigilantes a la mañana» (Salmos 130:6). Mientras esperamos, recordemos que Dios es soberano y fiel; la mañana llegará, tan segura como el día llega tras la noche. «La luz en las tinieblas resplandece, y las tinieblas no prevalecieron contra ella», y nunca lo harán (Juan 1:5).

Esto nos conduce a una pregunta final.

¿Tiene Dios el control cuando mis esperanzas y planes fracasan?

Por naturaleza, tú y yo esperamos todo tipo de cosas buenas en esta vida. La mayoría de nosotros espera estar bien casado, y quizá tener una familia feliz. Muchos de nosotros esperamos el éxito y la realización laboral. Sin embargo, ¿qué sucede cuando seguimos solteros, cuando nuestro matrimonio se termina, cuando no podemos tener hijos, cuando nuestra carrera no tiene éxito, cuando nuestros planes no se cumplen? ¿Qué haremos con esto? ¿Qué está haciendo Dios?

Necesitamos una comprensión clara y feliz de lo que Dios ha prometido y de lo que no. Jesús nos exhortó a no «[trabajar]... por la comida que perece, sino por la comida que a vida eterna permanece» (Juan 6:27). Si nuestras esperanzas y anhelos están centrados en el matrimonio, los hijos, el éxito —en realidad, cualquier cosa en esta vida—, finalmente, nos sentiremos frustrados y fracasados. Por mucho éxito, intimidad y felicidad que podamos disfrutar en esta vida, al final habrá aflicción, fracaso, vejez y muerte. En su bondad, Dios nos da muchas cosas buenas en esta vida, diferentes para cada uno de nosotros; pero cada una es una señal de su bondad (1 Timoteo 6:17). Sin embargo, Él no nos promete ninguna. Lo que sí promete es la «comida» que nos vivificará en el camino hacia la vida eterna; y esa «comida» es Jesús, el Pan de vida (Juan 6:35). Dios ha prometido hacernos más semejantes a Jesús en nuestro carácter y corazón (Romanos 8:29: «para que fuesen hechos conformes a la imagen de su Hijo»), y hará esta obra en cada uno de los que pertenecen a Cristo.

Cuando nuestros planes se frustran, es natural que estemos tristes. Sin embargo, nunca debemos dudar de que Dios nos está haciendo más semejantes a Jesús, como lo ha prometido; y que nos conducirá en el camino hacia la felicidad de la vida eterna.

¿Cómo puedo aprender a dejar de preocuparme y confiar más en Dios?

¡Bien, no puedes hacerlo por tu propia resolución o la persuasión o reprimenda de un pastor impaciente! No puedes hacerlo enfocado en ti mismo, tu fe (o falta de fe), tu ansiedad o confianza, o tu estado de ánimo o tu corazón. Si piensas en ti, seguramente te decepcionarás. No puedes salir adelante por ti mismo. De hecho, incluso orar por tu ansiedad puede ser contraproducente, si tan solo orar te lleva a la introspección. ¡Deja de orar! ¡O, al menos, deja de orar por ti!

En Mateo 6:25-34, Jesús aconseja a sus seguidores que no se afanen. Pero, no solo les dice eso, sino que les habla de su Padre celestial. La fe no proviene de mirar dentro de mí, sino de mirar a Aquel que es el objeto de mi fe. La fe proviene de la propia revelación de Dios en la Biblia, que es la historia —ante todo— de Jesús, quien da a conocer al Padre.

Por lo tanto, deja de afanarte por estar preocupado; ¡es un monstruo psicológico que se alimenta de su propia cola! Mira hacia arriba para ver a tu Padre celestial revelado en Jesús. Lee las verdades bíblicas que este libro intenta revelar. Medita en ellas. Habla con amigos cristianos maduros y confiables de estas verdades y de este Dios verdadero. En lugar de orar por tu ansiedad, expresa algunas verdades de la bondad y el amor paternal de Dios y conviértelas en oraciones de alabanza. Escríbelas para poder pensar con claridad. Luego vuelve a leerlas, y disciplínate en hacerlo en voz alta. Acostúmbrate a mirar hacia arriba, en vez de mirar hacia adentro.

Capítulo 7

El único sabio Dios

En una entrevista con Gay Byrne en la televisión irlandesa, a principios de 2015, el actor Stephen Fry dijo que, si existiera Dios y se encontraran cara a cara, le diría:

> *¡Cáncer de huesos en niños! ¿Qué es eso? ¿Cómo te atreves a crear un mundo en el que hay tanta desgracia de la cual no somos culpables? No está bien. Es totalmente malvado. ¿Por qué debería respetar a un dios caprichoso, mezquino y necio que crea un mundo con tanta injusticia y dolor?*

Más tarde, en referencia a insectos que causan ceguera en los niños, Fry le reclama:

> *Podrías haber creado sencillamente un mundo en el que [estas cosas] no existieran.*

Ahora bien, ¿no podrías haberlo hecho? ¿No podrías haberlo hecho *sencillamente* así? Muchos piensan que sí. Se dice que un rey de España del siglo XIII, Alfonso X, dijo: «Si hubiera estado con Dios en la creación, le habría dado algunos consejos útiles para una mejor ordenación del universo». ¡Qué amable de su parte! Sin duda, otros estarían encantados de contribuir con su sabiduría.

Sin embargo, es una pregunta seria y grave: *¿realmente tiene que ser así?* Si hay un Dios que tiene el control, ¿sabe lo que está haciendo? ¿Es competente para gobernar el mundo?

La Biblia enfrenta el problema doble del sufrimiento inmerecido y la felicidad inmerecida, en el que este último es la contraparte del anterior. Los consoladores de Job insisten en que a las personas buenas solo les suceden cosas buenas, y a las personas malas solo les suceden cosas malas. En el capítulo 21 de Job, Job responde a su acusación diciéndoles que deberían salir más. Es un capítulo vívido y lleno de énfasis, que describe cuán felices son muchas personas que no ocultan su falta de interés en Dios o su forma de vida. Salmos 73 expresa la misma preocupación. La Biblia no es indiferente a las personas malvadas que se salen con la suya ni a las personas inocentes que sufren. Ahora bien, ¿cómo responde esto la pregunta?

¿Tiene que haber sufrimiento inmerecido en el mundo y, de ser así, por qué?

Al fin y al cabo, ni la Biblia ni nadie nos dice por qué hay maldad en el mundo. Esto no es algo que nosotros, o cualquier otra persona, sabemos o podemos saber. Pero, la Biblia sí da algunos consejos que nos invitan a la reflexión y pueden ayudarnos. Abordaremos la pregunta desde tres ángulos.

1. El sufrimiento inmerecido de Job

Primero, encontramos en el libro de Job a un hombre, que es un creyente genuino y fiel a Dios. No es un santo, y no pretende serlo, pero es un hombre recto, apartado del mal y temeroso de Dios (Job 1:1, 8; 2:3). Sufre horrorosamente, y está claro que su sufrimiento no es un castigo por los pecados secretos que *no* ha confesado.

El punto que quiero destacar está en el extraño diálogo que leemos en los capítulos 1 y 2 entre Dios y «Satanás». En la primera escena (Job 1:6-12), Dios le pide a Satanás que presente su informe: de dónde viene, qué ha estado haciendo en el cumplimiento de sus deberes. Satanás responde:

> «De rodear la tierra y de andar por ella».

Se pone de manifiesto que Satanás no está errante sin rumbo fijo, sino que recorre la tierra en una búsqueda. Su tarea es ver si hay un hombre que adore *genuinamente* a Dios en la tierra. Esta es la razón por la cual Dios plantea su pregunta sobre Job:

> «¿No has considerado a mi siervo Job, que no hay otro como él en la tierra, varón perfecto y recto, temeroso de Dios y apartado del mal?».

Satanás pone en duda tal apreciación y sugiere que Job solo es piadoso por fuera, pero no es genuino por dentro. Para probar la apreciación de Dios, Satanás propone causar pérdidas y sufrimiento en Job. Y —por desconcertante que parezca— Dios acepta. A pesar de sufrir una serie de pérdidas terribles, Job muestra ser genuino.

Y, así pues, en la segunda escena celestial (Job 2:1-7), Satanás sugiere a Dios que ponga a prueba un poco más a Job y le quite su salud. Aún más desconcertante, Dios está de acuerdo. *¿Por qué?* ¿Por qué Dios no le dice a Satanás que se largue? ¿Por qué acepta primero que Job sufra la pérdida de sus bienes y de casi todos sus seres queridos, y segundo, que pierda su salud? La respuesta natural es que la gloria de Dios depende de que se demuestre visiblemente que Job es un creyente genuino de verdad. La prueba de Job no es arbitraria, sino necesaria. El honor de Dios y, por ende, el bienestar del universo, dependen de ello. La misión de Satanás —si podemos llamarla así— es poner a prueba a Job para que se *demuestre públicamente* que es un creyente genuino. El motivo de Satanás es malicioso y malvado, pero su función en el propósito de Dios es glorificar a Dios. Y eso es lo que hace. El sufrimiento de Job es necesario para la gloria de Dios.

La mayor parte de la narrativa que sigue nos muestra esta prueba en todo su cruel horror. Y aun así es necesario. Hay un propósito redentor en el sufrimiento de Job. Esta es quizá la verdad más profunda del libro.

2. El sufrimiento inmerecido de Jesús

Si Job es una figura profética, Jesús de Nazaret es el cumplimiento. Cuando el Señor Jesús enfrentó la posibilidad de obedecer a su Padre hasta morir en la cruz, dijo esto:

> ...viene el príncipe de este mundo. Él no tiene ningún dominio sobre mí, pero el mundo tiene que saber que amo al Padre, y que hago exactamente lo que él me ha ordenado que haga (Juan 14:30-31, NVI).

Este es el propósito más evidente de las pruebas de Job. Satanás probó a Job para que el mundo pudiera ver su autenticidad. Job no era perfecto, pero era un creyente genuino. Ahora Satanás aparece para probar a Jesús hasta que muera en la cruz, a fin de que *el mundo* pueda ver su autenticidad y que su amor por el Padre es tal que hace exactamente lo que Él le ha ordenado.

Por su obediencia, Jesús glorifica al Padre. Revela el verdadero carácter de Dios el Padre: un protagonista difamado y desfigurado desde la primera mentira de la serpiente (Génesis 3). Y, por su obediencia, paga el precio del pecado de su pueblo. Por su sufrimiento inmerecido, hace posible la bendición inmerecida para su pueblo. El precio necesario de la gracia y la misericordia gratuita es el sufrimiento y la maldición inmerecidos.

La razón principal por la que hay sufrimiento en el

mundo es el pecado del ser humano. Por ese pecado, la muerte entró al mundo y, junto con ella, cada desgracia que es la sombra de muerte. La única esperanza para una humanidad bajo la maldición del pecado era que hubiera un portador de la maldición que llevara en su cuerpo la maldición inmerecida en nombre de todos los que confiarían en Él.

3. El sufrimiento inmerecido de los cristianos

El Nuevo Testamento enseña que los seguidores de Cristo experimentarán sufrimientos aunque sus pecados hayan sido perdonados y —en ese sentido— no merezcan sufrir. Es decir, ellos creen que Jesús pagó por completo el castigo por sus pecados. Entonces, sea lo que sea que sufran no puede ser un castigo, no importa cuánto lo hubieran merecido si Jesús no hubiera muerto por ellos. Por lo tanto, de alguna manera, el sufrimiento inmerecido es la vida cristiana normal.

La noche anterior a su crucifixión, Jesús dijo a Simón Pedro: «Simón, Simón, he aquí Satanás os ha pedido para zarandearos como a trigo» (Lucas 22:31), de la misma manera que le pidió zarandear a Job, para probar si era o no un verdadero adorador. Así como Dios concedió la petición de Satanás para Job, porque estaba de acuerdo con su propósito soberano, también se la concede para los discípulos de Jesús. Podríamos esperar que Jesús continuara diciendo: «Pero mi Padre ha negado a Satanás su petición». En cambio, sabe que el Padre ha concedido esa petición, porque continúa diciendo:

> Pero yo he rogado por ti, que tu fe no falte; y tú, una vez vuelto, confirma a tus hermanos (Lucas 22:31-32).

Job debe demostrar su fe genuina; Jesús debe demostrar su fe genuina; los discípulos de Jesús deben hacer lo mismo.

Pablo escribe:

> Ahora me gozo en lo que padezco por vosotros, y cumplo en mi carne lo que falta de las aflicciones de Cristo por su cuerpo, que es la iglesia (Colosenses 1:24).

Sorprendentemente, falta algo en relación con la obra completa y consumada de Cristo en la cruz: falta el sufrimiento que otros aún deben experimentar. Es necesario este sufrimiento para llevar los beneficios de la muerte de Cristo a un mundo necesitado. Pablo, un receptor de la gracia inmerecida, también debe soportar un sufrimiento inmerecido.

Él no es el único. En su carta a los cristianos que sufren, Pedro dice que sus sufrimientos…

> …demostrarán que su fe es auténtica… les traerá mucha alabanza, gloria y honra en el día que Jesucristo sea revelado a todo el mundo (1 Pedro 1:7, NTV).

Esto es muy similar a Job y al mismo Jesús. La prueba

de la fe de Job trajo alabanza a Dios, porque se demostró que este hombre adoraba verdaderamente a Dios porque Él es Dios. La prueba de la fe de Jesús trajo gloria a su Padre, porque el mundo vio que hizo exactamente lo que el Padre le ordenó. Los sufrimientos inmerecidos del pueblo cristiano honran a Dios, porque se ve públicamente que Dios es digno de nuestra costosa adoración.

Aquí hay una profunda verdad: que los sufrimientos inmerecidos de Jesús y su pueblo son la otra cara de la gracia inmerecida puesta a disposición de un mundo culpable. Esto no responde por completo nuestra pregunta sobre el origen y la naturaleza del mal, o simplemente por qué Dios gobierna el mundo de la manera en que lo hace, pero puede ayudar.

Samuel Rutherford fue un cristiano escocés del siglo XVII que sufrió mucho por su fe. En un himno basado en sus escritos, encontramos esta hermosa frase:

> «El rocío de la aflicción brilló por su amor».

Es maravilloso poder alabar a Dios con Jesús, a través de nuestras lágrimas, por su bondad soberana, con la confianza de que al final cumplirá sus buenos propósitos.

El poeta y escritor de himnos, William Cowper, sufrió antes y después de su conversión y, de hecho, al final de su vida padeció una profunda y terrible depresión. En uno de sus impresionantes himnos, escribió lo siguiente:

Dios se mueve de forma misteriosa
buscando sus prodigios realizar;
sus huellas deja en la mar anchurosa
y en la tormenta se ve cabalgar.

En minas insondables que Él perfora,
mostrando inigualable habilidad,
sus brillantes diseños atesora
y cumple su absoluta voluntad.

...

En camino al error va el que no cree,
busca su labor inútilmente;
mas Dios que a sí mismo se interpreta,
muestra que su yerro es evidente.

Podemos entender la frustración de Stephen Fry. Al igual que él, deseamos poder entender la respuesta a la agónica pregunta: «*¿Por qué?*». No obstante, debemos rechazar su rotunda conclusión de que Dios, si existe, no es apto para gobernar el mundo. ¡No, no, no! En la Biblia encontramos buenas razones para confiar en que, al final de los tiempos, veremos y alabaremos la sabiduría infinita de Dios y reconoceremos con gozo que Él ha hecho todas las cosas bien.

Si Dios tiene el control, ¿por qué tengo jaqueca... o cáncer... o adolescentes difíciles... o por qué sigo soltero?

La pregunta «¿por qué?» es la que queremos responder. A veces no podemos responderla totalmente, pero podemos explicar ciertas cosas. Estas son algunas de las principales respuestas que da la Biblia.

1. **Si eres cristiano, NO es el castigo de Dios por tu pecado**. Esto es muy importante. El gran error de los supuestos «consoladores» de Job fue suponer que los sufrimientos de Job debían ser un castigo por su pecado. Sin embargo, si tienes fe en Jesús (como la fe anticipada de Job), Él ha pagado el castigo por todos tus pecados. Así que no te condenes ni te culpes. Tú y yo tenemos pecados de sobra, por los cuales merecemos algo mucho peor; pero nuestros sufrimientos no son el castigo por tales pecados. Jesús los pagó por completo.

2. **No es un castigo, pero podría ser la disciplina paternal de Dios**, para moldearte y hacerte más semejante a Jesús. Como lo expresa el capítulo 12 de Hebreos: «la disciplina de Dios siempre es buena para nosotros, a fin de que participemos de su santidad» (Hebreos 12:10, NTV; ver vv. 4-13). Es bueno revisar tu conciencia de nuevo y preguntarte si hay algún asunto del cual debas arrepentirte. Tal vez este sufrimiento sea la manera de Dios

de provocar en ti un nuevo arrepentimiento por algún pecado. Tal vez sí, tal vez no; solo tú lo sabes. Lee este capítulo de Hebreos y recibe consuelo en la seguridad de que tienes un Padre celestial que está decidido a hacerte más semejante a Jesús. Desearíamos que no doliera tanto, pero al final valdrá la pena.

3. **También puede ser una prueba necesaria para demostrar tu fe auténtica como seguidor de Jesús.** Cuando tu fe en Dios permanece firme incluso cuando es realmente difícil, estás dando gloria a Dios (1 Pedro 1:7). Esto puede ser duro de aceptar, pero en realidad es una verdad maravillosa que Dios es glorificado precisamente a través de nuestras dificultades de una manera en la que no podríamos hacerlo si no tuviéramos problemas.

4. **Finalmente, muchas de nuestras dificultades se deben sencillamente al hecho de vivir «debajo del sol»**, como dice el libro de Eclesiastés. Y la vida «debajo del sol» en esta era es una vida bajo el justo juicio de Dios en un mundo pecador. Si bien no somos castigados por nuestros pecados individuales —Jesús pagó por ellos— seguimos siendo pecadores en un mundo que está bajo juicio. Es de esperar que las cosas sean complicadas y difíciles.

Tal vez la mayoría de nuestros problemas, si no todos, puede deberse a las razones números 2, 3 y 4 o a todas al mismo tiempo. Más allá de esto, no podemos decir que lo sabemos y tampoco es provechoso especular o pretender que lo sabemos.

Conclusión

Enfrentando el futuro con Dios en el control

Bruno yace muerto. Un cáncer agresivo e incurable invadió su cuerpo. Sin embargo, era un creyente en Jesús y, apenas unas horas antes de su muerte, habló con un amigo mío para decirle cuánto ansiaba estar con Jesús, que es mucho mejor que estar en este mundo. Mientras ansiaba ese momento, esperaba el día en que Jesús regrese y todo el universo caído sea maravillosamente restaurado.

Hemos estado planteando preguntas difíciles en este libro. Y no son solo preguntas académicas intelectuales, sino preguntas que todo el mundo —cristiano y en general— se hace. Son preguntas que nos afectan profundamente. Nuestras respuestas influirán en gran parte cómo vemos nuestra vida y decidimos vivir en el mundo.

Comenzamos viendo seis modelos de cómo funciona el universo: seis formas diferentes de analizar nuestras vidas. Hemos visto cómo y por qué la Biblia no está de acuerdo con todos ellos. En cambio, hemos visto cómo la Biblia se expresa con gran realismo sobre la experiencia contradictoria de vivir en este mundo. Hemos visto lo que la Biblia enseña acerca del control presente de Dios sobre todas las cosas, y que el Dios que tiene el control es el Padre celestial de todos los que aceptan a Cristo como su Salvador. Además, hemos visto la promesa de que algún día la voluntad de Dios se hará en la tierra como en el cielo, en obediencia alegre y voluntaria.

Una cosa es estar de acuerdo, al menos en teoría, en la veracidad de lo que la Biblia enseña: que Dios realmente tiene el control. Otra cosa, y más profunda, es sentir realmente que todo esto es verdad en los momentos de tristeza, presión y perplejidad. Esta no es una verdad que cumple con todos los criterios doctrinales y en la que luego nunca volveremos a dudar. Sino que, a medida que pasa el tiempo, debemos orar para que poco a poco podamos creer en ella con más gozo y firmeza.

Cuando su amado amigo, Lázaro, estuvo enfermo, el Señor Jesús lo dejó morir deliberadamente. ¿Por qué?

Jesús dijo a sus discípulos:

> Lázaro ha muerto; y me alegro por vosotros, de no haber estado allí, para que creáis (Juan 11:14-15).

¿Qué significa esto? Sus discípulos ya creían, de cierta manera y hasta cierto punto. Cuando la mayoría de los seguidores superficiales de Jesús se había alejado (volviendo al capítulo 6 del Evangelio de Juan), fueron ellos quienes se quedaron con Él. En nombre del grupo, Simón Pedro dijo:

> Y nosotros hemos creído y conocemos que tú eres el Cristo, el Hijo del Dios viviente (Juan 6:69).

Entonces, ¿por qué el Señor Jesús dejó morir a Lázaro, «para que [creyeran]»?

Al dejar morir a Lázaro, y luego resucitarlo, Jesús fortalecería la fe de ellos; entonces creerían *más* de lo que habían creído antes. El arzobispo William Temple escribió acerca de este versículo:

> *Es difícil saber cuán grande es nuestra fe hasta que llega una prueba difícil. Yo creo, en cierta medida, de eso estoy bastante seguro, pero en qué medida no lo sé. Ruego a Dios que haga por mí, para mí o en mí, lo que sea que tenga que hacer* ***para que yo pueda creer****.*

Que Dios haga por ti y por mí, para ti y para mí, en ti y en mí, lo que tenga que hacer para que creamos más en su soberanía totalmente buena sobre nosotros en Jesús.

¿Cómo podemos hablar sobre la soberanía de Dios con aquellos que aún no son cristianos?

Supongo que mucho depende de lo que crean o piensen acerca del mundo. Probablemente, será una combinación de los seis modelos que vimos en la introducción. También dependerá de si están o no atravesando un sufrimiento (¿están en el «sillón» o en la «silla de ruedas»?). Aquí hay tres sugerencias.

1. **Pregúntales lo que piensan**. Ayúdalos a ver que sus ideas no se sostienen bajo presión. En particular, pregúntales sobre el mal. ¿De dónde viene el mal? ¿Cómo es que los seres humanos son capaces de tanta bondad y tanta maldad? ¿Qué piensan de la paradoja de que salga algo bueno de algo malo (como la historia de José y sus hermanos)? ¿Cómo sucedió eso? Pon en duda sus certezas, que pueden ser bastante superficiales. Porque cuando están confundidos, su corazón puede estar listo para escuchar las enseñanzas de la Biblia.
2. **Indaga sobre los anhelos que casi seguramente tienen de un mundo perfecto**. ¿Por qué anhelan un mundo de justicia? Ayúdalos a ver que la justicia nunca llegará hasta que el corazón humano cambie, y que solo Jesucristo puede cambiar nuestros corazones.
3. **Cuando están sufriendo** —quizá en medio de un terrible sufrimiento personal—, llévalos una y otra vez a la cruz de Cristo. En lugar de tratar de resolverles el problema que los hace sufrir, háblales de tu propia experiencia en una vida de comunión con Jesucristo, quien sufrió.

La palabra *infierno* evoca todo tipo de pesadillas en las mentes de las personas. ¿Cómo puede un Dios que la Biblia dice literalmente "es amor" condenar a alguien a una eternidad de tormento? En este libro de fácil lectura, el pastor y autor Erik Raymond trata este importante tema para todos con calidez pastoral y claridad bíblica.

EDITORIAL
PORTAVOZ

NUESTRA VISIÓN

Maximizar el efecto de recursos cristianos de calidad que transforman vidas.

NUESTRA MISIÓN

Desarrollar y distribuir productos de calidad —con integridad y excelencia—, desde una perspectiva bíblica y confiable, que animen a las personas a conocer y servir a Jesucristo.

NUESTROS VALORES

Nuestros valores se encuentran fundamentados en la Biblia, fuente de toda verdad para hoy y para siempre. Nosotros ponemos en práctica estas verdades bíblicas como fundamento para las decisiones, normas y productos de nuestra compañía.

Valoramos la excelencia y la calidad.
Valoramos la integridad y la confianza.
Valoramos el mérito y la dignidad de los individuos y las relaciones.
Valoramos el servicio.
Valoramos la administración de los recursos.

Para más información acerca de nuestra editorial y los productos que publicamos visite nuestra página en la red: www.portavoz.com.

Este es un libro para todos los que estamos preocupados por la tragedia global y personal. Christopher Ash entiende la realidad dolorosa de la pregunta y cómo la Biblia proporciona una respuesta que no pasa por alto el dolor, sino que lo aborda con la debida profundidad. Él escribe para personas normales y corrientes que buscan respuestas, pero especialmente para los cristianos que no saben qué decir cuando les hacen esta clase de preguntas. Voy a regalar un ejemplar de este libro a muchas personas que conozco, las cuales están luchando con estas preguntas frente a la realidad del sufrimiento, el dolor y el terror en el mundo.

Mark D. Thompson,
director, Moore Theological College, Sídney

Si existe Dios, ¿cómo puede permitir que suceda (completa el espacio en blanco)? Ya sea que confiemos en Él o no, todas las personas se preguntan cómo gobierna Dios el mundo. Una vez más, Christopher Ash escribe con conocimiento para enseñarnos que hay un Dios, que tiene el control, que interviene en cada detalle y es bueno.

Aimee Byrd, autora y presentadora

Christopher Ash aborda con gran claridad y sensibilidad las preguntas más difíciles sobre el sufrimiento. Frente a puntos de vista que intentan obtener consuelo con la negación de la existencia o soberanía de Dios, nos muestra que el único consuelo verdadero está en una visión completamente bíblica de quién es Dios. Este es un libro que anima el corazón y alimenta la mente.

Dr. Peter J. Williams,
director, Tyndale House, Cambridge

Esto es exactamente lo que esperaría todo lector de un libro de Christopher: claro, breve y escrito con una sencillez cautivante que aun así tiene la base de una profunda teología. Con el uso de ejemplos del ministerio pastoral cotidiano, brinda respuestas bíblicas al tipo de preguntas que todos los creyentes se hacen y también ofrece respuestas firmes a los diversos errores y malinterpretaciones comunes que las personas hacen en asuntos como la providencia de Dios, el mal y el sufrimiento. Un excelente libro para tener en la biblioteca de la iglesia, para regalar y, por supuesto, para leer tú mismo.

Carl R. Trueman, pastor y profesor de Historia de la Iglesia, Westminster Theological Seminary, Pensilvania